잠 못들 정도로 재미있는 이야기

인공지능과
테크놀로지

미야케 요이치로 감수 | **한선관** 감역 | **황명희** 옮김

BM (주)도서출판 **성안당**

1975년부터 1995년은 전 세계적으로 컴퓨터가 도입된 시대였다면 1995년부터 2015년은 세상에 인터넷이 확산된 시대였습니다. 그리고 2015년부터 2035년은 이 세상에 인공지능이 부흥하는 시대가 도래합니다. 이 책은 인공지능이 세상에 널리 뿌리 내리는 미래 시대에 대비하기 위한 핸드북입니다. 인공지능이 어떻게 사회를 바꾸어갈지에 대한 핵심 포인트를 간략하게 설명했습니다. 지금부터 이 책을 들고 새로운 시대를 여행해 봅시다.

인공지능은 인간 지능의 연장이기도 합니다. 컴퓨터 및 소프트웨어, 인터넷이 그랬던 것처럼 인공지능을 이해하고 자유자재로 구사하게 된다면 지적 영역을 크게 확대할 수 있습니다. 인공지능을 잘 이용하면 개개인의 지적 생활을 몇 배나 풍요롭게 해줄 겁니다.

인공지능은 어느 하나의 큰 인공지능이 모든 것을 바꾸어가는 것은 아닙니다. 각 문제마다 독립적인 개별 인공지능이 있습니다. 따라서 인공지능이 사회를 바꾸어가는 여러 포인트가 많이 있습니다. 이 책은 각각의 포인트에 대해 직감적인 그림과 본질을 담은 글을 양쪽 지면에 걸쳐 설명했으므로 쉽게 이해할 수 있습니다.

한 가지, 우리들이 흔히 오해하고 있는 점을 짚고 넘어가고 싶습니다. 인공지능이 어떤 한 가지 영역, 가령 바둑 게임에서 인간을 능가할 수 있지만 그것이 바로 다른 모든 영역에서 인간을 능가하는 것을 의미하는 것은 아닙니다. 인공지능은 사안별로 그에 맞게 진화하고 있고, 진화의 방식과 정도는 제각각입니다. 인간을 능가하는 바둑 AI가 장기를 둘 수 있는 것은 아니고, 영상을 판별하는 AI가 글을 읽고 쓸 수 있는 건 아닙니다. 어떠한 인공지능의 사례가 있는지 궁금하다면 먼저 책의 목차를 훑어보는 것이 좋습니다. 관심이 있는 주제부터 읽다 보면 인공지능이 여기저기서 발전하고 있는 전체적인 숨결을 느낄 수 있을 겁니다.

　인공지능은 그동안의 여타 기술과 마찬가지로 이용하는 사람의 마음에 따라 선으로도 또는 악으로도 물듭니다. 현재의 인공지능은 '문제와 그것을 해결하는 방향'을 인간이 제시해야 합니다. 어떻게 제공하느냐에 따라 인공지능이 성장하는 방향이 결정됩니다. 그 방향을 결정하는 것은 인간의 비전에 달려 있습니다. 이 책을 읽으면서 부디 미래의 좋은 꿈을 그려 주셨으면 합니다.

미야케 요이치로(三宅 陽一郎)

4

제3장

변화에 대비하자!
기술의 진화와 변화하는 생활 81

제4장

인간 중심의 인공지능!
기술의 행방과 문제점, 미래 109

제 1 장

이것만은 알아두자!
현실로 다가온
AI와 최신 테크놀로지

01 AI를 가까이 느낄 수 있는 로봇들

AI(인공지능)이라고 하면 로봇을 떠올리는 사람이 적지 않을 것이다. 1950년에 출간된 SF계의 거장 아이작 아시모프(Isaac Asimov, 1920~1992)의 〈아이, 로봇I, Robot〉에는 이미 로봇이 인간에 대해 지켜야 할 행동 규범이 등장한다. 또 SF 소설이나 만화, 애니메이션 문화의 저변이 넓은 일본의 경우 미래에는 사람의 모양을 한 안드로이드가 친구가 되거나 생활을 지원해줄 거라고 믿는 사람이 다른 국가에 비해 상대적으로 많지 않을까?

2003년에는 인간인 여성과 똑같이 만들어진 안드로이드가 발표되어, 2005 아이치 국제박람회(愛, 地球博)에서 서비스 로봇 액트로이드(Actroid)라는 명칭으로 실제 사용되었다. AI와 음성 인식 기술을 이용한 간단한 회화나 센서에 의한 감정과 행동을 연결한 획기적인 AI 로봇의 등장으로 화제가 됐다.

2014년에는 소프트뱅크가 클라우드형 AI와 감정을 표현하는 엔진을 탑재한 본격적인 AI 로봇 페퍼(Pepper)를 발표한다. 우리가 가장 친근하게 느낀 AI 로봇이라고 할 수 있겠다. 2015년에는 기업용뿐만 아니라 개인도 구입할 수 있어 지금은 전 세계적으로 이용되고 있다. 이후 일본에서는 Pepper와 같은 클라우드형 AI를 탑재한 가정용 소형 로봇도 속속 출시되었다.

그러나 사람과 친구가 될 만한 수준의 AI 로봇은 불행히도 탄생하지 않았다. 요사이 로봇의 형태가 필요한가에 대한 논의도 많이 듣는다. 그래도 인간이 꿈에 그리는 로봇은 조만간 탄생할 거라고 믿고 싶다.

로봇 발전의 역사

일본	꼭두각시 인형
세계	자동기계(automata)

장치에 의해 일정한 동작을
반복하는 로봇

장난감 로봇

16~17세기

1900년 초

영화나 소설 등 인류가 상상할 수 있는
'모든 종류의 로봇'이 등장하기 시작하다

1952년   철완 아톰(데즈카 오사무 작) 발표

1970~80년대   로봇 애니메이션 붐

1999년   개 모양 로봇 AIBO 발매(소니)

2000년   2족 보행 로봇 ASIMO 등장(혼다)

2005년   AI 안드로이드 액트로이드 등장(코코로)

2014년   AI 로봇 Pepper 등장(소프트뱅크)

AI를 가까이 느낄 수 있는 로봇들

02 AI 탑재 드론으로 자동 조종 배달이 가능해지다

차세대 기술을 상징하는 자동차의 자율주행과 소형 무인 항공기 드론의 등장으로 물류 업계는 그야말로 변혁의 시기를 맞이하고 있다. 그중에서도 드론은 측량, 항공 촬영, 재난 구조, 물자 운반 등 다양한 용도로 활용이 가능할 것으로 기대되고 있다.

드론을 이용한 운송은 드론 본체에 설치된 컨테이너에 짐을 싣고 무인 비행으로 목적지까지 전달하는 것으로 배송 자동화, 배송 시간 단축에 의해 일손 부족을 해소할 수 있을 전망이다. 또한 신규 사업 진입에 따른 비용도 기존의 방법보다 저렴하게 억제할 수 있기 때문에 경쟁에 의한 산업의 활성화도 기대할 수 있다.

하지만 좋은 것만 있는 것은 아니다. 출발 기지인 드론 포트를 설치해야 하는 전용 인프라의 정비와 드론은 항공기에 해당하기 때문에 항공안전법의 규정에 얽매이는 등 실현을 위해 극복해야 할 장벽이 많다. 현재의 항공안전법상 드론은 조종사 또는 보조자가 육안으로 기체를 확인하면서 비행시켜야 한다. 그래서 멀리까지 짐을 운반하는 드론 배송은 실현 불가능하다. 따라서 국토교통부는 2017년 3월 항공안전법에 근거한 비행 승인 허가 요령을 개정하여 거주민이 적은 낙도와 산간 지역 등에 한해서 가시거리를 넘는 비행을 할 수 있게 했다. 또 드론 배송 실증 실험도 시작되어 소외 지역의 물건 구입이나 재해 시 물자 수송 등 실용적으로 큰 진전이 있다.

앞으로는 센서의 고성능화, AI의 탑재, 화상 인식 기술, 딥러닝의 적용에 의해 가시거리를 넘는 완전한 자율 비행이 실현될 가능성이 있다.

다양한 용도로 활용 가능한 드론

공중 촬영

화물 배송

재난 구조

측량

드론

드론은 다양한 용도로 활용될 것으로 기대되고 있다.

드론 배송이란 무엇인가?

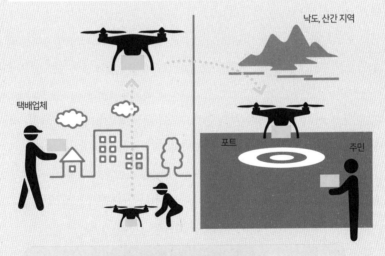

낙도, 산간 지역

택배업체

포트

주민

드론에 의해 화물을 항공 운송하는 것
(현재는 낙도 또는 산간 지역에 한함)

AI 탐재 드론으로 자동 조종 배달이 가능해지다

03 AI와 딥러닝이 검색 정확도를 높이다

알고 싶은 정보를 조사할 때 빼놓을 수 없는 것이 인터넷이다. 업계 최대인 구글의 검색 엔진은 어떤 구조로 되어 있을까?

구글에서 키워드를 입력하면 검색 결과가 바로 표시된다. 언뜻 보면 이때 다양한 웹 페이지를 조사해서 표시한 것처럼 보이지만 그렇지 않다.

이 회사가 제공하는 구글 맵을 예로 들면 이해하기 쉬울 것이다. 주소 및 건물명을 입력하면 지도와 주변의 영상(스트리트 뷰)을 표시하는데, 이것은 미리 구글 자동차가 도로를 빠짐없이 돌아다니며 촬영을 하고 다양한 정보를 정리해놓았기 때문이다. 그 결과 주소 및 건물의 이름을 입력하면 순식간에 표시되는 것이다. 검색도 마찬가지로 웹 크롤러를 사용하여 웹 페이지 정보를 수집해서 정보를 정리해 놓았다. 그리고 검색 키워드와 사용자에게 응답하는 정보를 분석하는 일련의 알고리즘으로 구성된 페이지 랭킹 시스템을 통해 원하는 검색 결과를 순식간에 표시한다. 검색 알고리즘에는 많은 종류가 있지만 그중에는 딥러닝(42쪽 참조)과 AI를 활용한 랭크 브레인(rank brain)이 있다. 이것은 의미가 애매한 키워드라도 사용자가 어떤 정보를 요구하는지 예측하기도 하고 검색 기록을 학습하여 정확도를 높인다.

또한 구글의 검색 빈도가 적은 희소 키워드라도 입력한 사람이 무엇을 필요로 하는지를 분석하고 최대한 가까운 키워드를 추측하여 검색한다. 그래서 검색을 하면 할수록 랭크 브레인은 영리해진다.

정보는 검색 전에 취득, 정리되어 있다

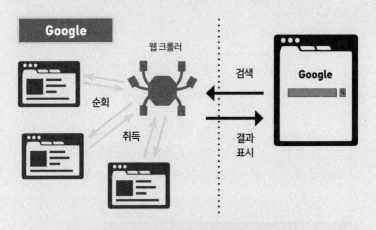

웹 크롤러라는 프로그램이
미리 웹 페이지를 돌아다니며 취득한 정보는 정리, 보존되어 있다.

딥러닝과 AI를 활용한 랭크 브레인

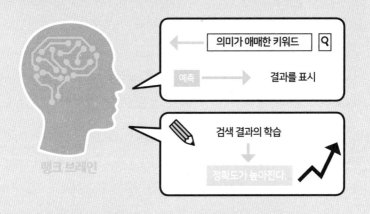

딥러닝과 AI를 활용하여 검색 결과의 정확도를 높인다.

04 소니 & 택시 회사의 AI 배차 서비스

소니와 소니 결제 서비스, 택시 회사 7개사는 2018년 5월 택시 관련 서비스 사업 준비 회사 '모두의 택시 주식회사'를 설립하고 같은 해 9월에 소니와 소니 결제 서비스, 택시 회사 5개사와의 합의에 따라 사업 회사로 전환했다. 모두의 택시는 소니가 보유한 AI 기술, 이미징/센싱 기술 등을 이용하여 택시 수급 예측 서비스와 택시 배차 서비스, 결제 대행 서비스, 뒷좌석 광고 사업 등을 전개할 예정이다.

택시 회사 5개사는 도쿄를 중심으로 서비스를 전개하며 최대 규모(1만 대 이상)의 택시 차량을 소유하고 있다. 서로 경쟁 관계에 있는 기업이지만 연계 서비스를 활용하여 효율화를 목표한다.

연계 서비스를 결정하게 된 배경에는 심각한 인력 부족과 인재의 고령화 그리고 택시 업계의 구조적인 문제가 있다. 이용객이 주로 탑승하는 곳은 역이나 공항 등의 정류장이지만, 빈차로 주행하고 있는 택시는 언제 어디서나 탑승할 수 있다. 택시 회사 입장에서는 최대한 효율적으로 이용객을 찾아내서 태워야 하지만, 수요와 공급이 항상 일치하는 것은 아니다. 그동안 이용객을 찾는다는 점에서는 베테랑 운전자의 경험에 의존하는 부분이 컸던 것도 사실이다. 이 서비스의 핵심인 수급 예측과 배차 서비스를 AI에 맡기는 것이다.

예를 들어 스마트폰의 배차 어플 중에는 승차 지점과 목적지를 입력하면 AI가 승차 지점에서 가장 가까운 곳에 있는 택시를 수배해 주는 기능이 있다. 택시 운전자와 승객 모두에게 큰 혜택이 있는 서비스라고 할 수 있다.

택시 업계가 안고 있는 과제

고양이 손이라도 빌리고 싶다!

인력 부족

인재의 고령화

TAXI

수요와 공급이
일치하지 않는다.

AI를 활용한 배차 서비스

배차 어플의 예

어플에서 승차 지점(Ⓐ),
행선지(Ⓑ)를 입력

AI가 승차 지점(Ⓐ)에서 가장
가까이에 있는 택시를 수배한다.

05 자율주행 기술의 정착은 3D 이미징 센서에 달려 있다

자동차 업계에서 특히 눈부신 발전을 이룬 것이 자율주행 기술이다. 자동차 제조사는 물론 테슬라와 애플, 구글 등 다양한 기업이 참가하여 연구 개발 경쟁을 벌이고 있다.

자율주행의 기본적인 구조는 인간이 운전하는 것과 별반 다르지 않다. 운전자는 전후좌우의 시각 정보를 바탕으로 액셀과 브레이크를 밟고 차선을 변경하는 등 어떻게 운전할지를 판단한다. 자율주행의 경우 센서 정보를 바탕으로 자동차에 탑재된 컴퓨터(AI)가 어떻게 운전하는지를 판단하고 가속, 감속, 핸들을 꺾는 등의 운전 조작을 자동으로 수행한다. 그중에서도 주위의 상황을 파악하는 데 있어 인간의 눈에 해당하는 센서는 매우 중요한 역할을 한다. 용도에 따라 전파나 초음파 센서가 사용되고 있으며, 현재 라이다(LiDAR)라는 센서 기술이 주목을 받고 있다.

레이저를 이용한 거리 측정 센서 기술인 LiDAR(Light Detection and Ranging)는 레이저로 물체의 거리와 방향을 실시간 입체적으로 파악한다. 짧은 파장으로 정확한 측정과 3차원 형상 분석이 가능한 것이 특징으로 전방의 물체가 무엇인지 파악할 수 있다. 그리고 이를 통해 장애물이 인간이라면 브레이크를 밟고, 자동차라면 차로를 변경하는 등 정확한 판단이 가능해져 자율주행의 안전성이 보다 높아진다. 라이더는 자동차뿐만 아니라 공장에서 일하는 선별 분류 로봇과 보안, 무인 항공기 등에도 활용할 수 있기 때문에 다양한 기업이 경쟁하고 있고 저비용화가 진행되고 있다.

자율주행의 구조

자동차에 탑재된 AI의 움직임

③ 판단

② 센서의 데이터

① 센서

④ 브레이크 조작

⑤ 차선 변경

센서 정보를 바탕으로 컴퓨터(AI)가 자동으로 운전한다.

안전성을 높이는 핵심 기술 센서

LiDAR의 센서 기술

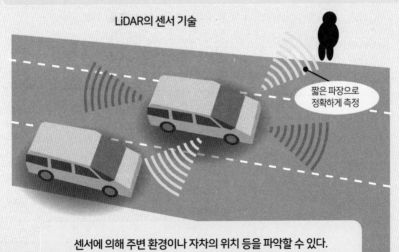

짧은 파장으로
정확하게 측정

센서에 의해 주변 환경이나 자차의 위치 등을 파악할 수 있다.

자율주행 기술의 정확은 3D 이미징 센서에 달려 있다

06 MR(혼합현실)로 건축 현장을 관리

컴퓨터와 CG, 비디오 게임의 화면은 줄곧 현실 세계와는 근본적으로 다르다고 인식되어 왔다. 그러나 지금에 이르러 AR, VR, MR 등의 기술 개발이 빠르게 진행되어 새로운 세계가 개척되고 있다.

증강현실이라고 불리는 AR은 스마트폰 카메라가 포착한 현실 세계 속에 CG 캐릭터 등을 겹쳐서 디스플레이에 표시하는 방법이다. 게임 어플 포켓몬 GO가 대표적이다.

한편 VR은 가상현실로 해석되며 헤드 마운트 디스플레이를 장착하고 가상 세계에 몰입하여 마치 그 세계에 있는 듯한 느낌을 체험할 수 있다. 소니의 플레이스테이션 VR 등이 유명하다.

MR은 AR과 VR의 장점만을 취한 것으로 혼합현실이라고 한다. MR용 고글을 장착하고 탑재된 카메라를 통해 현실 세계를 보면서 그 속에 CG 가상 세계를 비추고, 심지어 센서 등을 이용하여 CG에 접근하거나 손으로 조작할 수도 있다. 마이크로소프트의 홀로렌즈가 대표적인 예로, 여러 사람이 착용하면 모두가 하나의 3D 홀로그램을 보면서 동시에 논의를 검토할 수 있는 특징이 있다. 예를 들어, 건축 현장에서 건물의 완성 이미지를 사전에 확인하거나 건설 현장에서 3D 도면과 중첩시키면서 논의할 수 있어 작업자 간의 커뮤니케이션과 작업 효율을 높이는 성과를 내고 있다. 또한 박물관에서 공룡 등을 실물 크기의 홀로그램으로 보여줌으로써 실제 크기와 질감, 내부 구조 등을 느낄 수 있어 지금까지 없었던 새로운 경험을 제공할 수 있다.

AR · VR · MR의 차이

AR = Augmented Reality

증강현실

현실 세계 **+** CG

스마트폰

VR = Virtual Reality

가상현실

가상 세계에 들어간다.

MR = Mixed Reality

혼합현실

현실 세계와 3D 홀로그램을 보면서 토론과 검토를 할 수 있다.

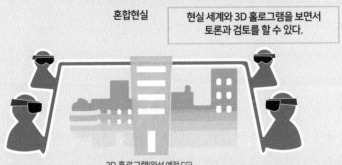

3D 홀로그램(완성 예정 CG)

07 모든 것이 인터넷에 연결되는 최신 IoT 동향

세삼스럽게 물을 수 없는 테크놀로지의 기본

IoT(Internet of Things)는 센서 등 다양한 사물이 인터넷에 연결되어 데이터의 송수신과 장치의 제어를 실행하는 장치를 말한다. IoT 의 사례로는 대화형 AI 도우미를 탑재한 AI 스피커가 유명하며, 센서 및 통신 기능을 탑재한 디바이스의 가격 하락으로 공장, 빌딩, 의료 분야, 관광지에 이르기까지 모든 분야로 빠르게 확대하고 있다.

관광지에서는 대여 자전거에 센서 등을 탑재하여 위치 정보 등을 모니터하고 관광객의 이동을 지켜보는 일에 이용되고 있다. 또한 가게의 쓰레기통에 센서를 설치하여 쓰레기가 일정량을 초과하면 스마트폰으로 알려 업체가 회수하도록 하는 등의 실증실험에서도 좋은 성과를 올리고 있다.

간호 분야에서도 하복부에 센서를 장착한 배설 알림 웨어러블 단말기가 있다. 이것은 방광의 팽창 상태를 초음파로 측정하여 전용 어플에 전송, 몇 분 후에 배설이 있을지를 분석해준다. 환자나 간호 담당자의 스마트폰에 알려주기 때문에 배설 처리에 도움이 된다.

배설 알림 웨어러블 단말기는 건강 관리의 일부라고 할 수 있는데, 이 같은 건강 관리는 인간뿐만 아니라 애완 동물에도 적용이 가능하다.

고양이의 시스템 화장실에 체중 센서와 소변 트레이 센서 등을 탑재하여 고양이의 체중과 소변의 양, 횟수 등 건강 데이터를 분석해서 스마트폰으로 모니터할 수 있는 서비스를 실현하고 있다.

이와 같이 미처 깨닫지 못하는 곳에서 IoT가 은밀히 도움이 되고 있다. 바로 이런 역할이 IoT의 진면목이라고 할 수 있다.

IoT 활용 예

대여 자전거

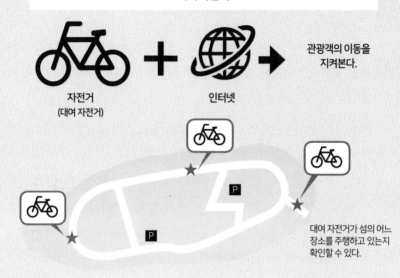

자전거
(대여 자전거)

인터넷

관광객의 이동을
지켜본다.

대여 자전거가 섬의 어느
장소를 주행하고 있는지
확인할 수 있다.

배설 시중

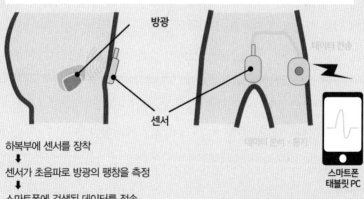

방광

센서

하복부에 센서를 장착
⬇
센서가 초음파로 방광의 팽창을 측정
⬇
스마트폰에 검색된 데이터를 전송
⬇
데이터를 분석하고 몇 분 후에 소변을 볼지를 알림

스마트폰
태블릿 PC

환자의 배설 촉진과 배설 시중의
효율화를 실현

08 영상 분석 기술의 발전이 얼굴 인증의 보안을 강화

은행도 본격 도입에 나선 얼굴 인증 기술

PC나 스마트폰의 보급으로 언제 어디서나 인터넷에 접속하는 것이 당연시 여겨지는 지금, 해킹, 비밀번호 및 개인 정보의 유출 등이 문제가 되고 있다. 그래서 본인의 지문이나 홍채, 얼굴 사진 같은 신체적 특징을 이용한 생체 인증을 이용하는 곳이 많아졌다.

특히 얼굴 인식 기술은 라이브 티켓 구입과 IBK 기업은행의 인터넷 뱅킹 로그인에 사용되고 있다. 지문이나 홍채와는 달리 얼굴 인식은 전용 장치나 이용자에 따른 특별한 조작이 필요하지 않고, 일반적으로 사용자를 판별하는 데 사용되기 때문에 심리적 부담이 적다. 또한 ID 카드와 달리 대여나 위조 등의 부정을 방지할 수 있는 장점이 있다.

과거 얼굴 인식에서는 얼굴 방향, 표정, 조명, 안경의 유무 등의 차이에 따라 동일 인물임을 판단할 수 없는 경우가 종종 있었다. 그러나 딥러닝과 AI에 의한 화상 인식 기술을 도입하여 얼굴 인증의 정확도가 비약적으로 높아졌다. 얼굴 인증은 크게 얼굴 검출과 얼굴 대조의 두 가지 과정이 필요하다. 얼굴 검출은 영상 속에서 얼굴 영역이 어디에 있는지를 찾아내서 결정한 후, 눈·코·입 등 얼굴이 가진 특징을 검출하여 어디에 위치하고 있는지를 판단한다. 그리고 그 위치에서 얼굴 영역과 크기를 판단한다. 다음으로 방대한 데이터베이스에서 비슷한 특징을 가진 화상을 검출하여 이용자의 얼굴을 대조한다.

얼굴 인증 기술의 정확도가 높고 대조 오류의 확률은 10%도 채 되지 않는다. 가까운 미래에 쇼핑이나 식사 비용 결제도 '얼굴 패스'로 가능해질지 모를 일이다.

생체 인증이란 무엇인가?

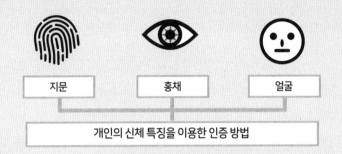

지문 | 홍채 | 얼굴

개인의 신체 특징을 이용한 인증 방법

딥러닝과 AI를 이용한 얼굴 인증

❶ 얼굴을 검출한다.

❷ 눈·코·입 등 특징점을 검출한다.

특징점

❸

데이터베이스

딥러닝 & AI

특징이 비슷한 화상을 데이터베이스에서 찾아내 대조한다.

영상 분석 기술의 발전이 얼굴 인증의 보안을 강화

09 직불카드 & QR 코드로 현금이 사라진다

일본에서 비현금지급(캐시리스) 흐름을 앞당긴 것은 2001년에 등장한 JR의 비접촉형 IC 카드 시스템 Suica이다. 2007년에는 수도권·관동권의 사철과 버스에서 사용할 수 있는 PASMO, 세븐일레븐이 nanaco를 도입하여 신용카드뿐 아니라 카드에 현금을 충전하는 방식이 일반화되었다. 또한 신용카드가 필수로 자리 잡지만 2010년 스마트폰에도 본격 도입된 '전자지갑', 터치만 하면 결제가 가능한 D와 Edy, 최근에는 Apple Pay가 널리 알려져 있다. 이들 기술의 발전으로 현금을 가지고 다니지 않아도 쇼핑을 할 수 있게 됐다. 그리고 현재 주목받고 있는 결제 방법이 직불카드와 QR 코드이다.

직불카드는 2018년 들어 인지도가 높아졌다. 은행 시스템과 24시간 365일 연결되어 있어 결제를 하면 본인의 계좌에서 인출되는 구조이다. 신용카드와 같은 여신 기능이 없기 때문에 미성년자도 소지할 수 있고 빚이 되지 않아 주목받고 있다.

다른 하나는 QR 코드인데 일본에서는 1999년부터 휴대전화에서 사용이 확산되었고, 알리페이 등 중국에서는 인프라라고 불릴 정도로 발전했다. 도입을 가속시킨 요인이 된 장점은 QR 코드 로딩 단말기의 비용이 신용카드 결제에 비해 훨씬 저렴해 점포의 도입 속도가 빨라질 것으로 예상된다. 국내에서도 라쿠텐 페이, LINE Pay, d 지불(도코모) 등이 연이어 서비스를 시작한다.

직불카드의 구조

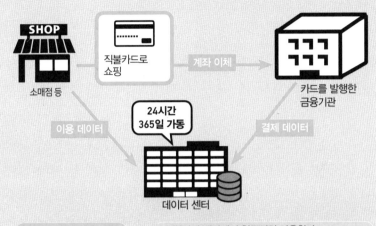

소매점 등

직불카드로 쇼핑

계좌 이체

카드를 발행한 금융기관

이용 데이터

24시간 365일 가동

결제 데이터

데이터 센터

직불카드의 장점

· 본인의 계좌에서 현금처럼 사용한다.
· 본인의 계좌에서 사용하므로 빚이 되지 않는다.
· 여신이 없기 때문에 미성년자도 만들 수 있다.

QR 코드 결제 방법

스마트폰 어플로 생성   or   **스마트폰으로 읽기**

스마트폰의 어플로 QR 코드를 생성, 점포에 비치한 단말기로 읽고 결제

점포 계산대에 제시되어 있는 고정 QR 코드를 스마트폰으로 읽고 결제

QR 코드의 장점

· 도입 비용이 저렴하다.
· 신용카드 또는 현금영수증을 사용하는 경우에 한하여 소득공제를 적용한다.

직불카드 & QR 코드로 현금이 사라진다

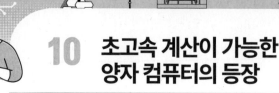

10 초고속 계산이 가능한 양자 컴퓨터의 등장

차세대 컴퓨터는 더 빨라진다

우리는 PC나 스마트폰을 비롯해 IoT 등 이전보다 훨씬 더 많은 부분을 인터넷에 의존하며 생활하게 되었다. 그리고 우리가 인터넷을 이용한 흔적은 빅데이터로서 AI에 의해 분석되는데, 실로 데이터량은 폭발적으로 증가하고 있다.

또한 슈퍼 컴퓨터로도 계산이 어려운 날씨예보나 천문학 분석 등의 경우, 이들 문제를 해결하는 데는 컴퓨터의 속도를 고속화하는 것만으로는 불충분한 것으로 여겨진다. 그래서 주목을 받고 있는 것이 양자역학의 원리를 기반으로 만들어진 양자 컴퓨터이다.

기존의 컴퓨터는 정보를 0과 1의 조합으로 표현한다. 이것을 비트라고 한다. 비트는 0 또는 1을 넣기 위한 상자 같은 것으로, 하나의 비트에는 0 또는 1의 어느 한 정보만 넣을 수 있었다. 그러나 양자 컴퓨터는 초전도 회로를 사용하여 회로를 약 영하 273℃ 가까이 차게 작동시킴으로써 비트에 0과 1을 동시에 표시할 수 있다(중첩). 이것을 양자 비트라고 한다.

즉, 하나의 양자 비트에는 2개의 정보가 들어 있는 것이다. 1 양자 비트라면 2개의 정보, 50 양자 비트라면 2의 50승에 해당하는 정보를 한 번에 처리할 수 있다. 기존의 비트로는 1비트에 1개의 정보, 50비트에 50개의 정보밖에 취급할 수 없었다. 따라서 양자 컴퓨터는 기존의 슈퍼 컴퓨터로 몇 년이 걸리는 계산을 바로 끝낼 수 있기 때문에 미지의 난제를 풀 수 있는 가능성에 이목이 집중되고 있다.

기존 컴퓨터의 문제점

폭발적으로 늘어나는 빅데이터

날씨 예보

천문학

기존의 슈퍼 컴퓨터로도 처리를 하지 못한다.

기존 기술의 고속화만으로는 불충분

양자 컴퓨터는 무엇인가?

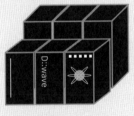

양자역학을 기반으로 만들어진 컴퓨터

기존 컴퓨터(비트)

1비트 = 상자 안에 0 또는 1 중 어느 하나가 들어간다.

1비트 = 1의 정보
50비트 = 50의 정보

양자 컴퓨터(양자 비트)

1 양자 비트 = 한 상자 안에 2개의 정보가 들어간다.

1 양자 비트 = 2개의 정보
50 양자 비트 = 2^{50}(2의 50승)의 정보

양자 컴퓨터는 기존 컴퓨터보다 한 번에 많은 정보를 처리할 수 있다.

AI가 그린 그림이 5억 원 이상에 낙찰됐다고!?

　2018년 10월 25일 미국 뉴욕에서 개최된 경매에서 사상 최초로 AI가 그린 그림이 낙찰됐다는 뉴스가 전해지자 세상이 떠들썩했다. AI가 그렸다는 것만으로도 화제가 되었지만 낙찰 가격이 무려 43만 2,500달러(약 5억 1,246만 원)였다는 사실이 더 놀라웠다. AI가 그린 초상화 작품 〈에드몬드 드 벨라미 Edmond de Belamy〉는 윤곽을 희미하게 표현하여 현대 작품과도 일선을 그었다. 이 회화 AI를 제작한 곳은 프랑스의 오비어스(Obvious) 그룹이다. 연대별로 과거의 초상화 이미지 1만 5,000장을 이용하여 두 가지 알고리즘으로 분석해서 작품을 완성한 것이다.

　AI로 그림을 그리게 한 시도에는 다양한 사람들과 조직의 노력이 관여했다. AI가 창작한 작품의 저작권 문제가 거론되는 가운데 경매에서 고액에 낙찰된 일은 향후의 움직임에도 영향을 줄 것이다. 다만 첫 시도였다는 희소성으로 인해 가능했던 가격 책정이었을 거라고 보이기 때문에 향후 모방하는 사람이 나온다 해도 경매로 성립하지 않을 가능성도 충분히 있다. 어디까지나 AI의 가능성에 대해 기대하고 예술이 삶을 풍요롭게 해주는 방향으로 진행될 것이다.

제 2 장

여기까지 왔다!
AI의 진화와
변화하는 생활

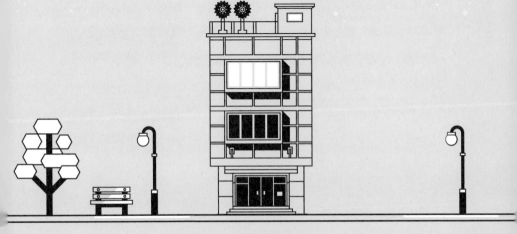

11 19~20세기의 기술 발전사

전기 발명부터 PC 보급까지

우리의 일상생활에서 빼놓을 수 없는 것이 삶과 생명을 유지하기 위한 라이프 인프라이다. 라이프 인프라에는 전기, 가스, 수도, 통신, 운송 등이 있지만, 특히 19세기 후반에 실용화된 이래 20세기 들어 급속한 보급으로 우리의 삶을 변화시킨 것이 전기이다. 전기는 전등, 냉장고, 휴대 전화 등 일상생활은 물론 인공지능(AI), IoT, 빅데이터 등 첨단 기술에도 필수이다.

전기를 활용하여 통신(전화, 무선), 미디어(라디오, TV, 컴퓨터) 등 다양한 기술이 비약적으로 발전할 수 있었다. 이에 따라 음성과 정보를 양방향으로 교환하거나 음성이나 영상을 먼 곳까지 전송하고 대량의 정보를 계산하는 작업을 더 빠르고 간단하게 할 수 있게 된 것이다.

20세기는 미디어의 시대라고 불리며 전반에는 라디오, 중반부터는 텔레비전이 큰 영향력을 가졌다. 또한 이 시기에는 컴퓨터와 무선 통신 기술도 비약적으로 발전하여 진공관을 대체하는 반도체 기술, 즉 트랜지스터, IC(집적 회로), LSI(대규모 집적 회로), VLSI, VVLSI 등의 형태로 소형화, 경량화, 고성능화, 견고화가 급속히 진행함에 따라 정보 처리 속도, 전송 속도, 기기 인프라의 정비에 큰 도움이 되었다.

20세기 말에 들어서는 이들 기술을 바탕으로 만들어진 PC를 비롯해 인터넷, 휴대전화 등의 보급이 시작되고, 미디어와 컴퓨터가 융합한 정보 과학의 시대가 본격화되는 계기를 만들었다.

기술의 역사(19~20세기)

1820년	전류의 자기 작용 / 에르스텟
1831년	전자 유도의 발견 / 패러데이
1864년	전자장의 기초 방정식 / 맥스웰
1876년	전화기 / 벨
1897년	브라운관 발명 / 브라운, 전자의 발견 / 톰슨
1905년	특수 상대성 이론 / 아인슈타인
1906년	라디오(음성에 의한 무선 전화) / 페센덴
1907년	브라운관식 텔레비전 수상기 / 로징
1915년	일반 상대성 이론 / 아인슈타인
1924년	드 브로이 파장 / 드 브로이
1925년	기계식 텔레비전 / 베어드
1937년	아타나소프 & 베리 컴퓨터 / 아타나소프 & 베리
1941년	릴레이식 컴퓨터 / 추제
1946년	ENIAC (진공관 식 전자계산기) / 에커트 & 모클리
1947년	트랜지스터 / 브래튼, 바딘, 쇼클리
1952년	IBM 701 (프로그램 내장형 컴퓨터) / IBM
1957년	릴레이식 계산기 / 카시오
1968년	하이퍼텍스트 / 담 & 넬슨
1969년	ARPANET (인터넷의 기원) / ARPA
1983년	DynaTAC (휴대전화) / 모토로라
1984년	한국이동통신(현 SK텔레콤) / 휴대전화 서비스 개시
1993년	Mosaic(웹 브라우저) / 안드레센
1995년	Windows 95 / 마이크로소프트
1999년	i 모드 / NTT 도코모

12 21세기의 기술 발전사

여기까지 왔다! AI의 진화와 변화하는 생활

21세기 들어 우리의 삶에 지대한 영향을 주고 있는 것이 PC, 휴대전화, 인터넷이다. 3가지 모두 20세기 말에 저가격화가 진행되어 21세기 초부터 폭발적으로 보급되었다.

거대하고 고가인 컴퓨터가 PC로서 저가격화, 소형화되어 개인도 소유할 수 있게 되었다. 휴대전화는 통화 기능 외에도 스마트폰 앱이나 카메라, 인터넷 등도 손쉽게 이용할 수 있다. 인터넷은 전 세계적으로 상호 연결된 컴퓨터 네트워크로 웹 사이트의 열람, 검색, 이메일을 비롯한 정보의 발신도 가능하다. PC, 휴대전화, 인터넷은 밀접하게 관련되어 있는 것이 특징이다.

이러한 혜택을 받고 있는 것은 사실 우리 인간만은 아니다. 그중 하나가 이제부터 자세하게 알아볼 AI이다. AI 연구는 컴퓨터가 탄생하고 나서 얼마 지나지 않은 1956년 미국에서 존 매카시, 마빈 민스키, 클로드 섀넌, 너새니얼 로체스터 등 10명으로 구성된 다트머스 회의에서 시작된다.

컴퓨터는 정보를 기호로 바꾸어서 처리하기 때문에 인간의 말이나 지식도 기호화해서 저장하고 프로그램을 고도화하면 인간과 같은 지능적인 컴퓨터, 즉 AI가 탄생할 것이라고 그들은 예상했다. 당시 컴퓨터의 계산 처리 능력은 낮았지만 미로 해결법과 정리의 증명 등 비교적 간단한 문제에 답을 할 수 있는 지적 활동이 가능하다는 것이 입증되어 당시 사람들을 놀라게 했다. 이러한 업적에 따라 AI는 붐이 되었고 1980~90년대의 제 2차 AI 붐을 거쳐 현재는 제 3차 AI 붐의 한 가운데에 있는 것이다.

21세기의 기술 발전사

AI 탄생에 관여한 주요 과학자

마빈 민스키
(1927~2016)

과학자, 인지심리학자로 인간의 생각을 컴퓨터로 모델링하는 연구를 진행했다. 뉴럴 네트워크 연구와 프레임 이론 연구의 제1인자로 알려져 있다.

존 매카시
(1927~2011)

스탠포드 대학 교수. AI 연구의 제1인자로 인공지능의 아버지로 불린다. 함수의 조합을 통해 새로운 함수를 만드는 함수형 언어 LISP의 개발자로도 유명하다.

클로드 섀넌
(1916~2001)

수학자로 0과 1의 조합으로 정보 송신이 가능하다는 것을 수학적으로 증명했다. 그의 업적은 컴퓨터를 비롯해 인터넷 등 디지털 통신 기술의 기반이 됐다.

너새니얼 로체스터
(1919~2001)

IBM의 과학 기술자. 범용 컴퓨터 IBM701을 설계하고 컴퓨터를 위한 어셈블리 언어도 개발했다. IBM700 시리즈의 수석 엔지니어로 활약했다.

13 AI로 불리기 위한 정의

인간과 동물 등 자연이 낳은 지능을 자연지능이라고 하며, 자연지능을 컴퓨터상에서 실현시키는 정보 처리 메커니즘을 인공지능이라고 한다. 인공지능은 Artificial Intelligence로 첫 글자를 따서 AI라고 부른다.

AI 여명기인 1950년대 말에는 인간과 동등한 지능을 가진 컴퓨터를 만드는 것은 쉬울 거라고 여겼다. 그러나 컴퓨터와 자연지능은 구조와 작동 원리가 다르다. 예를 들어 AI는 계산을 할 때 대상을 엄밀하게 정의(테두리 = 프레임으로 둘러싼다)해야 한다. 따라서 개를 컴퓨터에 인식시키려면 개와 현실 세계와의 관계 모두를 정의할 필요가 있다. 그러나 그런 작업은 불가능하다. 이것을 프레임 문제하고 하며, AI 발전에 큰 걸림돌로 작용했다.

프레임 문제와 주위의 기대와 달리 별다른 성과를 거두지 못하자 AI 연구는 1970년대 들어 주춤했다. 그러나 미국에서 미첼 파이겐바움 등이 컴퓨터가 잘하는 계산과 추론을 이용하여 답변을 이끌어내는 전문가(Export) 시스템을 개발했다. 컴퓨터가 전문가의 능력을 갖게 되자 1980년대 들어서면서 세계의 다양한 기업들이 대거 전문가 시스템을 채용하며 제2의 AI 붐이 일어났다.

그러나 1980년대 후반 엑스퍼트 시스템은 한계를 드러냈다. 바로 첫 붐일 때와 마찬가지로 정해진 규칙 안에서만 위력을 발휘한다는 이유였다. 사람의 사고와 행동은 불확정 요소가 많기 때문에 규칙을 벗어난 것에 대해서는 대답을 할 수 없었다.

AI(인공지능)란 무엇인가?

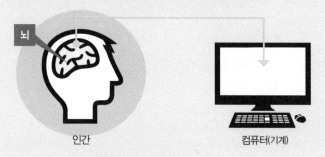

AI = Artificial Intelligence

뇌

인간   컴퓨터(기계)

인간의 지능을 컴퓨터(기계)상에서 실현하는 것

프레임 문제란 무엇인가?

개를 컴퓨터에 인식시킨다.

=

개와 현실 세계의 관계를 모두 정의한다.

정의의 프레임

짖다

아픔 →

물다

고양이가 아니다

고양이는?

꼬리는?

꼬리를 가졌다

다리는?

4개의 다리가 있다

동물은?

동물이다

계산에 필요한 정의의 테두리를 넘어버린다.

=

프레임 문제

14 게임에서 인간에게 승리한 AI

1990년대 초반이 되자 AI 연구는 다시 시련의 시대를 맞이한다. 연구자의 대부분은 기계 번역과 음성 인식, 로봇 공학 등 전문 분야의 과제에 전념하지만 컴퓨터 하드웨어 분야에서는 큰 변혁이 일어났다.

바로 처리 능력의 비약적인 향상과 소형화, 저가격화에 의한 PC 그리고 전 세계 컴퓨터를 연결하는 인터넷의 급속한 보급이다. 이러한 환경의 변화뿐만 아니라 주디아 펄(Judea Pearl)의 확률적 접근법에 의해 AI는 다시금 새로운 무대에 서게 된다.

이것은 머신러닝(40쪽 참조)의 기반이 되고 있는 것으로 방대한 사례를 계산하고 그룹화를 확률적으로 반복하여 정답에 가장 가까운 결론을 확률적으로 좁혀가는 방법이다.

그 성과로 잘 알려져 있는 것이 1997년 IBM의 인공지능 딥블루(DeepBlue)가 체스 세계 챔피언에게 승리한 것이다. 또 2016년에는 구글 딥마인드의 바둑 AI 알파고(AlphaGo)가 한국의 최강 기사를 이겼다. 알파고는 딥러닝을 도입해서 체스보다 계산이 복잡한 바둑에서도 인간에게 승리할 수 있음을 증명한 것이다.

이것은 수많은 AI 성과의 하나에 불과하지만 복잡한 사고가 필요한 게임에서 인간이 기계에 패배했다는 사실에 사람들은 큰 충격을 받았다.

AI의 개념과 요사이 자주 듣게 되는 머신러닝과 딥러닝이란 어떤 것인지 앞으로 더 자세히 살펴본다.

1990년대부터의 AI 연구

주디아 펄

(1936~)

미국의 컴퓨터 과학자. AI에 대한 확률적 접근과 확률을 이용하여 인과관계를 기술하는 베이지안 네트워크 연구에 기여했다.

+

기계 번역
음성 인식
로봇 공학
등의
알고리즘

+

컴퓨터의
소형화 · 저가격화

↓

PC
인터넷

1997년
IBM 딥블루, 게리 카스파로프에게 승리

VS

체스 승부!

IBM의 딥블루

LOSE

체스 세계 챔피언 게리 카스파로프

2016년
Google DeepMind의 AlphaGo, 이세돌에게 승리

VS

바둑 승부!

Google DeepMind의 AlphaGo

LOSE

한국의 최강 기사 이세돌

게임에서 인간에게 승리한 AI

AI에는 2가지 흐름이 있다

AI는 컴퓨터상에서 인간의 지능을 실현시키는 기술인데, 문제는 어떤 방법으로 인간의 지능에 접근할 것인가 하는 점이다. 이 방법에는 주로 2가지 흐름이 있다.

첫 번째는 인간의 지식과 지능은 프로그래밍 언어나 수식 등의 기호로 표현할 수 있다고 생각하는 기호주의이다. 인간이 준비한 매뉴얼대로 AI가 동작하는 것으로, IBM의 왓슨과 구글의 검색 기능 등이 여기에 해당한다. 예를 들어 체스를 하는 AI라면 체스의 규칙 안에서 높은 계산 능력을 구사하여 최종적으로 승리를 목표한다. 일정한 규칙을 설정하기만 하면 되므로 간단하고 만들기 쉬워 AI의 기초 기술로 자리 잡았다. 예외 사항에는 잘 대응할 수 없지만 규칙을 늘리고 규칙 내 조합을 복잡하게 하는 등의 형태로 꾸준히 진화가 가능하다.

두 번째는 인간의 뇌 기능을 구현하려는 입장에서 접근하는 연결주의이다. 뉴럴 네트워크(42쪽 참조)를 학습하게 하는 것에서 시작하며 AI 스스로 행동하거나 혹은 기존의 통계 데이터 등을 이용하여 학습을 거듭하면서 점차 똑똑해진다. 대표적인 것에 알파고가 있다. 수학 문제를 푸는 것보다는 그림을 그리는 등 말로 표현하기 어려운 것에 적합하며 많은 자료와 답을 주고 AI 스스로가 학습할 수 있게 된다.

연결주의는 개량에 의해 극복한 장벽과 새로운 한계의 발견에 의해 찾아낸 장벽이 모두 높은 특징이 있다. 또한 AI는 기호주의와 연결주의 양쪽에서 큰 성과가 나왔을 때 반드시 붐이 된다는 법칙이 있다.

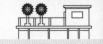

기호주의는 무엇인가?

지능과 지식은 프로그래밍 언어와 수식으로 표현할 수 있다.

연결주의란 무엇인가?

인간의 뇌의 특징을 그대로 컴퓨터상에서 재현한다.

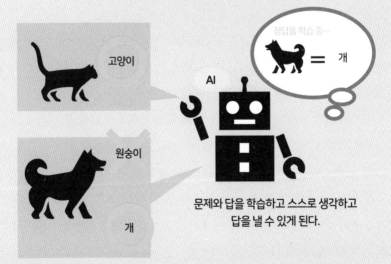

16 머신러닝의 구조

AI를 새로운 무대에 오르게 한 머신러닝이란 도대체 무엇일까? 사실 이 말에는 2가지 의미가 담겨 있다.

하나는 기계 스스로가 학습하는 것이다. 인간이 새로운 언어와 기술을 학습하는 것처럼 기계도 학습할 수 있다. 다른 하나는 프로그램된 대로 실행하기만 하는 것은 아니라는 것이다. 기계는 학습을 통해 프로그램된 이상의 것을 할 수 있게끔 진화한다.

다만 AI가 아무 것도 없는 것에서 전혀 새로운 지식을 습득해 가는 것은 프레임 문제에서 언급한 것처럼 서툴다. 따라서 통합해 놓은 지식을 축적·정리·최적화화는 방향으로 학습하고 있다.

이 머신러닝에는 지도학습과 비지도학습 2종류가 있다. 지도학습은 적절한 예제와 모범 답안을 세트로 학습하는 방법이다. 예를 들어 입구와 출구가 제대로 연결되어 있는 미로를 예제로 주어 학습시킨다. 처음에는 무작위로 행동하지만 점차 미로를 탈출하는 요령을 기억하고 학습하지 않은 미로에 대해서도 어느 정도의 속도로 출구까지 도착하게 된다.

비지도학습은 예제와 모범 답안 없이 스스로 학습하는 방법이다. 알파고는 지도학습과 비지도학습 두 단계로 학습을 했다. 전자는 과거의 기보(棋譜)를 통해 배우는 단계, 후자는 자기 대전을 통해 배우는 단계이다. 기본적으로 지도학습은 대량의 데이터(알파고에서 말하는 과거의 기보), 그리고 비지도학습은 적절한 학습 환경(자기 대전을 할 수 있는 환경)이 필요하다.

머신러닝이란 무엇인가?

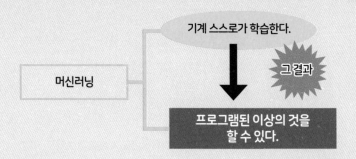

머신러닝

기계 스스로가 학습한다.

그 결과

프로그램된 이상의 것을
할 수 있다.

머신러닝의 구조

지도학습과 비지도학습

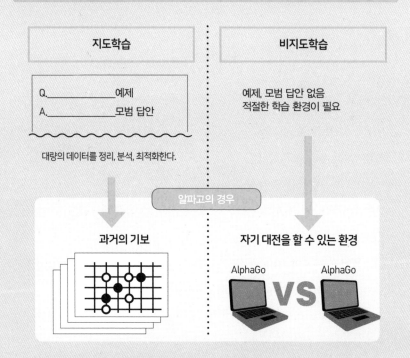

지도학습

Q._____예제
A._____모범 답안

대량의 데이터를 정리, 분석, 최적화한다.

비지도학습

예제, 모범 답안 없음
적절한 학습 환경이 필요

알파고의 경우

과거의 기보

자기 대전을 할 수 있는 환경

AlphaGo

AlphaGo

VS

17 딥러닝의 구조

머신러닝과 함께 인공지능의 키워드가 되고 있는 딥러닝 (심층학습)이란 무엇인가? 이것은 뉴럴 네트워크의 계산 모델을 바탕으로 한 기술이다.

뉴럴 네트워크란 인간의 두뇌 기능인 뉴런의 구조와 기능을 모델로 만든 AI이다. 뇌 안에 있는 뉴런은 다른 뉴런(의 끝 부분인 시냅스)에서 일정 값 이상의 전기 신호를 받으면 발화하고 연결되어 있는 다음 뉴런에 전기 신호를 전달한다. 다음 뉴런도 수신한 전기 신호가 일정 값 이상이 되면 발화하고 또 다음 뉴런에 전기 신호를 전달한다.

이와 같이 뉴런이 발화한 경우와 하지 않은 경우를 숫자로 대체하여 뉴럴 네트워크를 여러 층으로 겹쳐 만든 것이 딥러닝이다.

딥러닝은 여러 가지 기술적인 장벽이 있었지만 PC에 의해 주어진 방대한 양의 정보와 계산 능력, 그리고 신기술 등으로 2012년 화상 인식 콘테스트 ILSVRC에서 우승했고, 그리고 같은 해에 구글의 AI가 고양이 이미지를 고양이로 인식한 것 등을 일약 주목을 끌었다.

이처럼 딥러닝은 특히 화상이나 파형 등 기호로 대체할 수 없는 데이터에서 일정한 패턴을 인식하는 것이 전문이다. 또한 현재는 본격적으로 사회에서 실용화가 진행되고 있다는 것, 그리고 현재도 완성된 것이 아니라 기술은 발전 중이라는 점에서 한층 더 발전이 기대되는 분야라고 할 수 있다.

뉴런에서 딥러닝으로

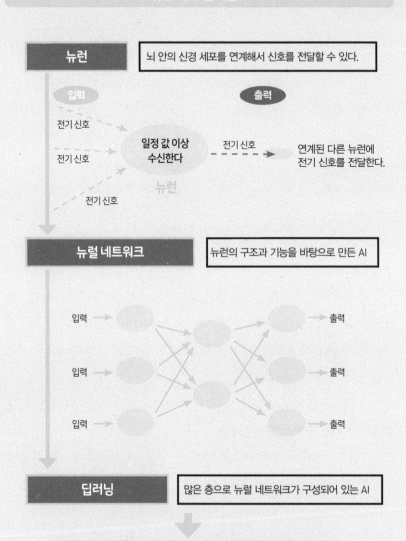

뉴런
뇌 안의 신경 세포를 연계해서 신호를 전달할 수 있다.

입력

출력

전기 신호

전기 신호 → 일정 값 이상 수신한다 ---전기 신호→ 연계된 다른 뉴런에 전기 신호를 전달한다.

뉴런

전기 신호

뉴럴 네트워크
뉴런의 구조과 기능을 바탕으로 만든 AI

입력 → 출력
입력 → 출력
입력 → 출력

딥러닝
많은 층으로 뉴럴 네트워크가 구성되어 있는 AI

높은 정밀도로 화상, 음성 데이터의
분류 및 처리, 계산 등을 할 수 있게 되었다.

AI는 어떻게 언어를 배울까?

최근에는 스마트폰이나 인공지능 스피커에 말을 걸면 인공 음성으로 대답하거나 전원을 온오프하는 등의 동작을 하기도 한다. 언뜻 보면 무심코 대꾸하는 것처럼 보이지만 여기에는 고도의 AI 기술이 사용되고 있다.

인간과 커뮤니케이션할 수 있는 자동 대화 시스템 기계를 개발하는 것은 그동안 어려운 일로 여겨졌다. 왜냐하면 이를 위해서는 ① 음성을 인식하여 문자로 변환하기 ② 그 문자의 의미를 이해하기 ③ 컴퓨터 언어를 사용하여 대답하기의 일련의 프로세스가 원활하게 이루어져야 했기 때문이다.

내뱉은 단어는 공기의 진동으로 입력·수치화된 문자로 변환되는데, 이 단계에서는 아직 의미는 다루지 않는다. 그 후에 AI가 문자를 이해하지만 말에는 주어의 생략, 동음이의어의 사용, 현재 거주하는 장소나 시간대, 성별, 계절 등 전제 생략 등이 있다.

이러한 애매함에 대해서는 딥러닝 수법이 매우 유용하다. 언어를 이해할 때에는 언어와 그 사용 예로 서적이나 인터넷상의 문장 그룹, 학습에 사용된 데이터베이스 등과 비교하여 문자의 의미를 추론하여 상대의 의도를 이해하고 어떻게 대답하면 좋을지를 생각한다(그러나 이러한 지식을 쌓지 않고 그 자리에서 대화의 흐름에 따라 응답하는 것도 있다). 옛날에는 인공 무능(無能)이라고 불리며 일정한 규칙에 따라 응답할 수밖에 없었던 AI는 현재 인간과 대화가 가능한 수준으로 성장했다. 앞으로 새로운 기술의 혁신을 통해 더욱 원활한 커뮤니케이션을 할 수 있게 될 것이다.

자동 대화 시스템의 구조

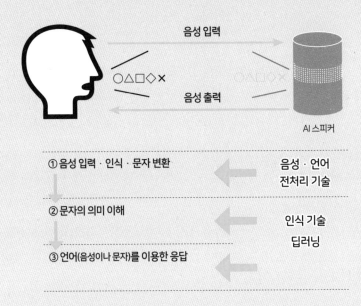

AI 스피커

① 음성 입력 · 인식 · 문자 변환	←	음성 · 언어 전처리 기술
② 문자의 의미 이해	←	인식 기술 딥러닝
③ 언어(음성이나 문자)를 이용한 응답	←	

인공 무능(無能)이란? | 불완전함이 여실히 드러난 인공지능을 말한다.

(예) RPG 게임에 등장하는 마을 사람

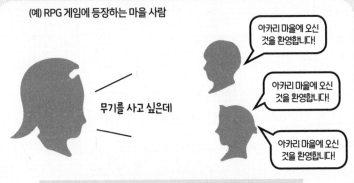

무기를 사고 싶은데

아카리 마을에 오신 것을 환영합니다!

아카리 마을에 오신 것을 환영합니다!

아카리 마을에 오신 것을 환영합니다!

몇 번이고 말을 걸어도 같은 말밖에 하지 않는다.

AI는 어떻게 언어를 배울까?

AI의 활용이 기대되는 분야

인공지능이 할 수 있는 것과 할 수 없는 것

요사이 AI는 딥러닝, 방대한 데이터 처리 능력, 시스템 제어 기술, 센서 기술 등과 접목해서 운용함으로써 다양한 산업에 응용할 수 있게 됐다. 예를 들어 의료 현장에서 환자의 증상을 보고 병명을 진단하고 치료하려면 과거의 방대한 사례나 문헌(빅데이터)을 수집하고 대조하는 데 탁월한 능력이 있는 AI가 도움이 된다. 또한 AI를 탑재한 수술용 로봇이 개발되어 정확한 수술도 할 수 있게 되었다.

AI의 가능성은 자동차의 자율주행, 날씨와 재해 예측, 동시통역, 이용자에게 맞는 상품을 제안하는 마케팅, 공장의 생산 관리, 일정한 규칙에 따라 이루어지는 사무 업무 등 다방면에 걸쳐 있다. AI는 데이터를 축적하고 그중에서 유용한 법칙과 가치 있는 지식을 발굴하거나 스스로 학습하고 정확도를 높이는 것이 강점이기 때문에 앞서 언급한 분야에서 활약할 가능성이 있다.

그럼 반대로, AI가 할 수 없는 것은 무엇인지 생각해보자. 디자인이나 음악 등 창조적인 일, 댄스와 같은 신체 운동을 수반하는 것, 회화와 같은 미적 감각을 수반하는 일, 상담이나 코칭 같은 지적 커뮤니케이션을 수반하는 일, 자신과는 다른 타인과 협력하는 일 등을 들 수 있다. 이외에도 그때그때 스스로 무엇이 적절한지 판단하고 행동하지 않으면 안 되는 비정형 작업도 AI에게는 약점이다. 그렇다고 불가능한 것은 아니다. 머지않은 미래에 반복적인 작업이나 빅데이터를 활용하는 작업은 AI에게 맡기고 사람은 부가가치가 높은 일에 전념하게 될 것이다.

AI가 잘하는 것

- 빅데이터의 축적과 활용
- 딥러닝의 활용
- 일정한 규칙에 따른 일

날씨 예보·재해 예측	자동차의 자율주행	병명 진단과 치료	공장의 생산 관리 등

AI가 잘못하는 것

- 창조적인 일
- 신체 운동을 수반하는 일
- 미적 감각을 수반하는 일
- 지적 커뮤니케이션
- 타인과의 협력
- 비정형의 작업, 일

음악	회화	카운슬링	댄스 등

약점인 분야이지만 음악이나 회화를 만드는
AI도 개발되고 있다.

20 AI는 인간의 일을 대신할 수 있을까?

AI는 인간의 일을 빼앗을까?

AI를 이용하면 다양한 분야에서 자동화가 진행되어 사람 없이도 일을 처리할 수 있다. 그럼 도대체 어느 정도의 일이 AI로 대체될까?

AI에 의해 앞으로 10~20년 후에는 현재 있는 직업의 절반 가까이가 사라진다. 이렇게 주장하는 것은 옥스퍼드 대학의 마이클 오스본(Michael Osborne) 교수이다. 한국직업능력개발원은 앞으로 10년 정도 지나면 국내 일자리의 52%가 AI나 로봇으로 대체될 가능성이 높은 것으로 예측했다(출처:YTN - 2017.5.16).

이미 공장의 생산 라인 일부에는 로봇이 도입되어 있고, 장래에 로봇의 성능이 향상됨에 따라 무인화가 진행될 것은 쉽게 예상할 수 있다. 직종별로 보면 육체노동에서는 토목, 건설, 농업, 간호 등의 분야에서 대체가 진행될 수 있다. 사무직에서는 공무원, 의료 업무, 회계 업무, 인사 · 경리 · 총무 등, 기술직에서는 의료 기사, 검사 기사 등, 서비스업에서는 접수, 도서관 직원, 편의점 점원 등의 분야를 들 수 있다. 다시 말해 정형화되어 목표가 결정되어 있는 업무는 AI로 대체될 가능성이 높다.

특히 서비스업의 경우 일부 주점 등에서는 점원이 아니라 태블릿으로 주문할 수 있는 시스템을 도입하고 있으며, 그 영향의 조짐이 조금씩 보이고 있다. 중요한 것은 이러한 변화는 모든 산업에서 발생하고 기존 산업계 및 다른 산업계의 구조에 영향을 미쳐 산업 재편과 변화를 촉진할 뿐만 아니라 사회 시스템으로도 파급되어 결국에는 우리 인간의 삶과 인식도 변화할 가능성이 있다는 것이다.

사무원

택시 운전사

철도 기관사

창고 작업원

경비원

공장 노동자

AI는 인간의 일을 대신할 수 있을까?

슈퍼마켓, 편의점 점원

직업 상담사

복권 판매인

21 AI가 바꾸는 것 ①
의료현장(1)

AI가 특수한 백혈병 환자의 생명을 구했다는 뉴스가 세상을 떠들썩하게 한 것이 2016년 8월의 일이었다. 도쿄대학 의과학연구소는 IBM의 AI 왓슨에게 2,000만 편 이상의 논문과 1,500만 편 이상의 약제 관련 정보를 학습시켰다. 그리고 한 여성이 희귀 백혈병을 앓고 있는 것을 단 10분 만에 분석하여 인간 의사가 치료약을 변경함으로써 이 여성 환자는 증상이 개선되어 퇴원할 정도로 회복되었다.

환자의 증상을 보고 병명을 진단하여 적절한 치료법을 판단하려면 과거의 사례, 유전 정보, 의학 논문 등 방대한 의료 정보를 참고해야 한다. 또한 새로운 정보와 치료 기술, 새로운 약제도 매일 추가된다. 따라서 의사가 모든 정보를 일일이 확인하는 것은 사실상 불가능하다고 해도 과언이 아니다.

사실 이러한 빅데이터의 축적과 해석은 AI가 가장 내세울 만한 장점이다. 도쿄대학 의과학연구소에서는 왓슨을 이용하여 질병의 발병에 관련된 유전자 및 치료약 후보를 환자의 유전 정보를 토대로 보여주는 임상 연구를 실시하고 있다. 보통 인간이라면 2주일 걸리는 분석을 왓슨은 단 10분 만에 해낼 수 있다.

다만 AI가 할 수 있는 것은 어디까지나 치료약의 후보와 그 가능성을 확률로 나타내는 것이다. AI의 제시에 따라 어떤 치료제를 사용하고 어떤 치료법을 이용할지에 대한 최종 판단은 의사 손에 맡겨져 있다.

이처럼 AI가 매우 바쁜 의사를 지원함으로써 보다 정밀하고 신속한 진단이 가능할 것으로 기대된다.

AI와 의료 진단

과거의 진단 방법	AI를 이용한 진단 방법

빅데이터

- 의학 문헌
- 의학 논문
- 의학 잡지
- 의학 보고서
- 환자의 증상, 유전 정보 등

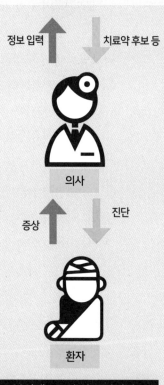

정보 입력 ↑　치료약 후보 등 ↓

의사

증상 ↑　진단 ↓

환자

분석에 2주일 정도 걸린다.

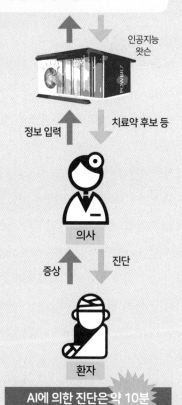

인공지능 왓슨

정보 입력 ↑　치료약 후보 등 ↓

의사

증상 ↑　진단 ↓

환자

AI에 의한 진단은 약 10분

AI가 바꾸는 것 ① 의료환경(1)

22 AI가 바꾸는 것 ①
의료현장(2)

의료 행위와 지역의료를 지원하는 AI

현재 AI는 의료 현장의 다양한 분야에 응용되기 시작했다. 병명 진단에 대해서는 앞서 언급했지만, 조기 실용화가 기대되는 것이 유전 정보를 이용한 게놈 의료이다. 이것은 신체를 만드는 설계도라고도 할 수 있는 게놈 정보를 조사하고 암 유전자 검사 결과를 바탕으로 환자의 암 원인 유전자를 발견하고, 환자의 상태에 따라 약물이나 치료 방법을 제공하는 것이다.

또한 딥러닝을 응용한 화상 진단 지원 시스템을 이용해서 MRI, X선, 내시경으로 촬영한 의료 영상을 분석하면 단시간에 정확하게 병명 후보를 좁힐 수 있다. 이러한 방법은 대학 병원에서 개인 병원이나 대도시에서 지방을 인터넷으로 연결하는 환경 정비를 서두르고 있다. 이로써 의사가 부족한 원격지에서도 위력을 발휘할 것으로 기대하고 있다.

원격지에서 진료를 보거나 재택 환자를 보살피기 위해 신체에 착용하는 정보 기기인 웨어러블 단말기와 스마트폰을 연계한다. 전송된 혈압과 맥박 등의 데이터를 기초로 AI가 분석하여 자주 병원을 찾지 않아도 의사가 건강 상태를 파악할 수 있다. 이런 식의 원격 진료는 재택 간호에도 응용이 가능하고, 간호의 불안이나 궁금한 점에 대한 정보와 지원을 받을 수 있다. 이 밖에 요양시설에서는 AI를 탑재한 로봇이 실현되면 이동 지원, 배설 지원, 치매 환자의 보살핌, 목욕 지원 등 간병인이나 보호자의 부담을 덜 수 있다.

AI의 도입으로 편리하고 안전한 의료 서비스를 받을 수 있을 것으로 기대를 모으고 있다.

병원, 지역, 개인을 네트워크로 연결한다

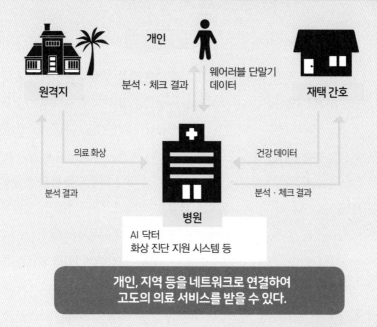

원격지

개인

웨어러블 단말기 데이터

분석 · 체크 결과

재택 간호

의료 화상

건강 데이터

분석 결과

분석 · 체크 결과

병원

AI 닥터
화상 진단 지원 시스템 등

**개인, 지역 등을 네트워크로 연결하여
고도의 의료 서비스를 받을 수 있다.**

간호 분야에 응용이 기대되는 인공지능

안아 올려 옮겨 태움

이동지원

보조자

로봇

로봇

**인공지능을 탑재한 로봇이
간호 · 간병 작업을 담당**

**간병 · 시중 부담이
감소한다.**

AI가 바꾸는 것 ②
무인 공장의 로봇 일꾼

AI가 화제가 되기 오래전부터 제조 공장에서는 로봇이 도입되었다. 로봇 팔이 능숙하고 신속하게 부품을 조립하는 모습을 TV를 통해 한 번쯤은 봤을 것이다. 조만간 공장은 무인화되어 사람 없이 로봇이 대부분의 작업을 처리하는 날이 올 것으로 예상된다.

공장에서는 제품의 대량 생산을 하기 위해 컨베이어 벨트에 부품을 올려놓고 유동 작업에서 몇 명의 노동자가 각각 구멍 뚫기, 나사 조이기, 접합과 같은 식으로 정해진 단순 작업을 해내는 형태로 합리화를 도모해왔다.

1960년대 들어 미국에서 산업용 로봇이 개발되고 1970년대 말에는 일본에서도 산업용 로봇 제조가 활발해졌으며, 1980년대에는 필수적인 노동력으로 정착했다. 산업용 로봇은 다관절에 IC 칩을 내장하여 정해진 단순 작업을 정확하게 다룰 수 있다.

2000년대에는 프로그램 가능한 다기능 로봇이 등장했지만 인간에 의한 보조 작업이 필요했다. 현재는 AI를 탑재한 산업용 로봇도 등장해서 물류센터에서 형태가 다른 다양한 제품을 정확하게 이동시킬 수 있는 것도 있다. 로봇에는 3D 카메라, 컨트롤러, 팔, 3D 비전 등이 탑재되어 있으며, 인간이 작업을 가르치지 않아도 스스로 학습하여 몇 주간에 작업을 할 수 있는 탁월한 능력이 있다. 빅데이터를 통해 고객의 요구에 맞는 제품을 설계, 개발, 가공에서부터 조립, 조정, 출하, 생산 조정까지 모두 로봇으로 실현할 수 있게 되면 작업 효율과 생산 비용은 지금보다 한층 더 최적화될 것임에 틀림없다.

인공지능의 도입으로 공장이 무인으로

공장 노동

인간 노동자

로봇 도입

로봇 팔

현재~가까운 미래

AI 도입

설계 → 조립 → 출하 → 소비 빅데이터 집계

생산 조정

AI가 바꾸는 것 ② 무인 공장의 로봇 일꾼

AI 도입에 의해 설계부터 출하까지 모두 무인으로 할 수 있다.

24 AI가 바꾸는 것 ③ 토목 · 건축 현장

위험한 장소나 보이지 않는 곳에도 손쉽게 도달

작업의 대부분이 사람의 육체노동에 의존하는 분야가 바로 토목 · 건축 현장이었다. 최근에는 일손 부족인데다 오랜 경기 침체에 따른 비용 절감 압력, 복잡한 시공 공정의 효율화, 하청 기업과의 제휴 등의 문제가 산적해 있으며, 그중에서도 인력 부족은 심각한 문제였다. 그래서 무인기와 AI의 도움으로 문제를 해결하려는 움직임이 활발해지고 있다.

건물을 짓기 전에 측량을 실시해야 하며, 지금까지는 전문가가 측량 기술을 이용하여 지상에서 또는 항공기로 측량 업무를 실시했다. 그러나 드론으로 하늘에서 지상의 모습을 촬영하면 3D 데이터로 변환하기 쉬울 뿐 아니라 측량 시간과 비용도 절약된다. 또한 지형이 복잡하거나 절벽이 있는 위험한 장소에서도 측량이 가능하다.

그리고 덤프트럭과 불도저 등의 중장비도 자동 제어 또는 반자동 제어가 가능해지고 있다. 여기에는 AI에 의한 자동 운전, GPS나 스캐너를 이용한 자차 위치 측정과 주변 환경의 파악 기술이 결합되어 있다.

이외에도 자재 반송, 용접, 공사 등 현장 작업용 로봇도 실증실험 결과로 기대 이상의 성과를 얻었다. 일본의 시미즈(淸水)건설은 레이저 센서로 공간을 인식하고 장애물을 피하면서 자재를 무인으로 운반할 수 있는 자재 운반용 로봇, 철골 용접 로봇, 바닥재 시공과 천장 보드를 붙일 수 있는 다기능 로봇을 개발하고, 이를 도입하여 70%에 달하는 작업 인력을 줄일 수 있다고 한다. 토목 · 건축 현장에서 매우 큰 위력을 발휘하고 있는 것이 베테랑 작업자의 기술을 학습한 AI이다. 미래에 인간의 작업은 세팅과 운영 관리가 중심이 된다.

무인 덤프트럭의 구조

코마츠의 무인 덤프트럭 운영 시스템

중앙 관제실

함대 관제탑

함대 관제

GPS 위성

이동 · 적재

이동 · 배토

적재장

배토장

칠레와 호주의 대규모 광산에서 가동하고 있다.

자동 반송 · 다기능 로봇의 구조

시미즈 건설의 Robo-Carrier와 Robo-Buddy

자동 반송 시스템

다기능 로봇

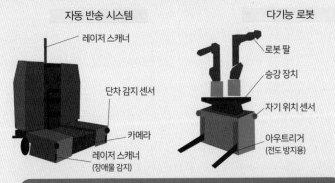

레이저 스캐너

단차 감지 센서

카메라

레이저 스캐너
(장애물 감지)

로봇 팔

승강 장치

자기 위치 센서

아우트리거
(전도 방지용)

자율형 로봇이 연계하여 작업을 수행한다.

25

AI가 바꾸는 것 ④
서비스업

서비스업은 취업자 점유율이 약 70%에 달하며 일본에서 중요한 산업의 하나로 자리매김하고 있다. 우리는 매일 편의점, 음식점, 소매점, 숙박 등 다양한 접객 서비스의 혜택을 누리고 있다. 그동안 자동화와 무인화는 어렵다고 여겨졌지만, 노동 생산성이 낮고 장시간 노동해야 하는 특성상 외면당한 결과 직면한 만성적인 일손 부족을 해결하기 위해 로봇이나 AI를 도입하여 효율화를 도모하는 시도에 나섰다.

일부 술집에서는 터치 패널을 사용한 주문과 결제가 가능해졌다. 소매점에서는 상품의 IC 태그를 계산대에 읽혀 구매자가 정산하는 셀프 계산도 도입되고 있다. 일부 패밀리 레스토랑에서는 공장에서 가공된 식품을 매장에서 데우거나 담아서 제공하는 곳도 있다. 또한 접객 방법 등도 루틴화되어 있어 조만간 상당수의 점원이 로봇으로 대체될 가능성도 충분하다.

예를 들어, 음식점 입구에는 음성으로 응답 가능한 접수 로봇이 있고 자리까지 안내해준다. 주문은 테이블에 있는 터치 패널로 실행하고, 주방에서는 공장에서 가공된 식품을 간단한 작업으로 담아서 상을 차리는 로봇이 자리까지 옮겨준다. 식사가 끝나면 셀프 계산대에서 정산을 마친다. 손님이 먹고 난 뒤처리는 상을 차리는 로봇이 정리하여 자동 식기 세척기에 넣으면 일련의 흐름이 완료된다. 가게 청소도 청소 로봇이 자동으로 수행한다.

이러한 일이 실현 가능하다고 여겨지는 이유는 AI와 화상 분석 시스템, 딥러닝 같은 기술이 곳곳에서 사용되고 있기 때문이다.

서비스업에서 진행되는 무인화

일부 무인화되고 있는 것

맥주　샐러드
피자　꼬치구이
어묵　만두

터치 패널로 주문

5000원

손님이 직접 셀프 계산한다.

미래에는 AI 탑재 로봇 등이 서비스업을 담당한다.

패밀리 레스토랑이 무인화된 경우

어서 오세요~

5인 대기　접수

접수 · 안내 로봇

전자레인지

조리 로봇

상차림 · 정리 로봇

머지 않아 접수에서 조리·상차림·
정리까지 로봇이 담당하게 된다.

AI가 바꾸는 것 ④ 서비스업

26

AI가 바꾸는 것 ⑤
웹 서비스(1)

AI가 구현된 서비스 중에서도 우리에게 친숙한 것은 웹 서비스이다. 브라우저 등에서 인터넷에 연결하여 정보를 입력하거나 이미지를 업로드하면 대답이나 변환된 이미지 등을 얻을 수 있다.

문자의 분야라면 온라인 번역 서비스가 있다. 구글은 번역 서비스에 신경망 기계 번역을 도입하여 번역 정확도를 비약적으로 높였다.

화상이라면 마이크로소프트가 개발한 스마트폰의 촬영 화상에서 피사체가 무엇인지, 그리고 카메라를 갖다 대면 피사체에 적힌 문자를 말해주는 앱 씨잉 AI(Seeing AI ※현재는 영어만 가능)와 와세다 대학이 개발한 흑백 사진에 자동으로 색을 입히는 Automatic Image Colorization 등이 있다.

이들 서비스에 빼놓을 수 없는 것이 딥러닝이다. 구글 번역에서는 아이디어 → 시스템에 반영하여 학습 교육 → 테스트를 1사이클로 해서 수십 번, 경우에 따라서는 수백 번 반복할 수도 있다. 영어에서 프랑스어로 번역하는 모델에서는 트레이닝에 약 1 만 5,000 시간이 걸렸다.

씨잉 AI는 시각 장애가 있는 사람에게 AI의 화상 인식 능력을 이용해 시각 기능을 제공하는 앱으로, 기본 기능을 '코그니티브 서비스'라는 명칭으로 제공하고 있으며, 앱 개발자가 자유롭게 사용해서 개발해 넣을 수 있다. 미래에는 안경형 장치에 탑재되어 눈이 불편한 사람뿐만 아니라 관광이나 사업(눈앞의 사람이 누군지, 어디서 만났는지를 표시)에 응용될 것으로 기대되고 있다.

AI 탑재형 번역 서비스

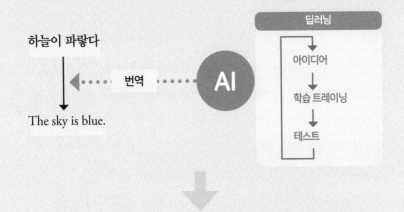

하늘이 파랗다

↓

The sky is blue.

번역

AI

딥러닝

아이디어
↓
학습 트레이닝
↓
테스트

딥러닝을 이용한 학습으로 번역의 정확도가 비약적으로 향상되었다.

AI 탑재형 음독 서비스

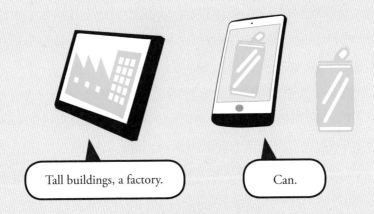

Tall buildings, a factory.

Can.

화상이나 피사체의 정보를 음성으로 말해준다.

27 AI가 바꾸는 것 ⑤ 웹 서비스(2)

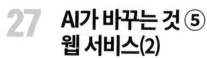

음성 인식 능력과 회화 능력이 비약적으로 향상된 AI

　　　　AI는 음성 인식 능력과 회화 능력도 비약적으로 향상되고 있다. 가까이에는 애플 아이폰(iPhone)의 시리(Siri), 구글 안드로이드(Android)의 구글 어시스턴트, 아마존의 알렉사(Alexa) 등 음성으로 응답하는 AI 어시스턴트가 있다. 최근에는 스마트폰뿐만 아니라 태블릿 PC, AI 스피커, 웨어러블 디바이스, 스마트 로봇 등에도 탑재되어 있다.

　구글은 2018년 5월 미국에서 이들 기술을 한 단계 진화시킨 구글 듀플렉스(Google Duplex)를 발표했다. 이것은 사용자 대신 AI가 전화를 걸어 호텔이나 레스토랑, 미용실의 예약을 할 수 있는 서비스이다.

　청각 장애가 있는 사람이나 말더듬으로 대화에 어려움을 겪는 사람은 물론 응답 대기하거나 다시 걸 필요가 없고 접수 시간 이외에 지시를 해도 나중에 정확히 전화를 걸어주며 여행지에서 외국어를 모르는 상황에서도 예약할 수 있다는 이점이 있다. 듀플렉스 발표 당시 합성 음성이라고는 생각되지 않을 만큼 자연스러운 대화로 화제가 됐다.

　그 밖에도 서비스센터나 콜센터 운영자도 AI로 대체할 가능성이 있다. 지금도 이전에 비해 센터에 전화를 걸면 미리 녹음해 놓은 음성이 흘러나오는 경우가 많아졌다. 이런 방대한 대화 기록을 학습시킴으로써 인간과의 전화 대응도 가능하다. 우리가 미처 AI 합성 음성인지 모른 채 전화나 인터넷으로 대화하는 날이 이미 와 있다.

가까워진 AI 어시스턴트

애플(iPhone)
Siri(시리)

구글(Android)
구글 어시스턴트

아마존
Alexa(알렉사)

생활에 밀착한 기기에 탑재하여 일상적으로 사용할 수 있게 되었다.

AI와 대화가 당연한 시대가 도래

서비스센터 / 콜센터 직원

여보세요,
상품에 대해서…

뭐든지 대답하겠습니다.

직원

AI와 일상 대화가 원활하게 가능해진다.

AI가 바꾸는 것 ⑤ 웹 서비스(2)

28 AI가 바꾸는 것 ⑥ 금융업(1)

그 어느 산업보다 AI의 도입이 가속화되고 있는 것이 금융업이다. 증권 시장은 이미 1970년대 중반부터 매매 거래가 컴퓨터화되어 1999년에는 주권 매매 입회장은 폐장되고 매매 주문을 이어 주는 시장 대리인이라는 사람들도 필요 없게 됐다.

현재 기관 투자자의 매매를 인공지능에 맡기고 있는 증권 회사도 있다. 예를 들어, 노무라(野村)증권은 AI를 이용한 주가 예측 시스템을 도입하여 종목별로 5분 후의 주가 예측을 내놓고 있다.

이 시스템에서는 훈련 데이터로 도쿄 증권거래소 500종목의 과거 1년간 주가 움직임과 매매 거래 수를 1,000분의 1초 단위의 변화로 학습시키고 있다. 이를 통해 방대한 데이터로부터 법칙을 찾아내어 현재부터 5분 후의 주가를 예측하고 이익을 노린다. 판매도 인공지능이 담당하며 사람이 눈 깜빡하는 사이에 1,000회 가까운 속도로 거래를 할 수 있다. 거래자는 AI가 처리하는 거래를 가만히 응시하고 있을 뿐이다. 현재 타사에서도 유사한 시스템을 도입하고 있어 AI끼리의 경쟁 양상을 띠고 있다. 따라서 얼마나 우수한 AI 프로그램을 도입하느냐가 수익의 열쇠를 쥐고 있다.

이처럼 금융 서비스(Finance)와 AI 및 정보 통신 기술(ICT) 등의 기술(Technology)이 융합한 새로운 서비스를 핀테크(FinTech)라고 한다. SMBC 닛코(日興)증권은 30분 후 주가 예측 정보를 제공하거나 AI가 개인 투자자의 매매 특징 등을 분석해서 매매 조언을 하는 서비스를 제공하는 등 증권 시장이 핀테크에 의해 활성화되고 있다.

주가 예측과 거래를 수행하는 인공지능

| 도쿄 증권거래소 500종목의
과거 1년간 주가 움직임

매매 거래 데이터 등 | → 학습 | 
AI
인공지능 | 매매 예측 → | 5분 후 주가를 예측
+
주식 매매 |

**사람이 눈 깜짝할 사이에
1,000회 이상의 매매를
거래한다.**

증권 시장은 AI끼리의 싸움장이 되고 있다.

금융의 새로운 움직임 핀테크

금융 서비스

ICT 등의 기술

+

Finance

Technology

↓

핀테크(FinTech)

AI가 바꾸는 것 ⑥
금융업(2)

금융과 기술의 신조어인 핀테크가 제공하는 서비스의 범위는 매우 광범위하다. 예를 들어 송금, 결제, 가상 통화, 재무 회계, AI를 활용한 대출, 클라우드 펀딩, 로보어드바이저(*로봇(robot)과 투자전문가(advisor)의 합성어)의 자산 운용 상담, 스마트폰을 이용한 자산 관리 등 이루 다 헤아릴 수 없다. 핀테크의 도입으로 이용자는 다양한 혜택을 누릴 수 있다.

첫째는 장소와 시간에 관계없이 금융 거래를 할 수 있다. 지금까지는 은행이나 증권 회사의 영업시간에만 가능하던 업무를 PC나 스마트폰으로 언제 어디서나 가능해졌다. 둘째는 거래의 번거로움과 비용을 줄일 수 있다. 데이터 입력과 집계 등의 사무를 핀테크로 일원화하면 업무의 효율화가 가능하다. 셋째는 금융 및 투자에 대해 잘 몰라도 AI의 도움으로 거래를 할 수 있게 된 것이다.

핀테크의 저 끝에는 무엇이 기다리고 있을까? 그것은 바로 현금이 필요하지 않는 캐시리스 사회이다. 일본의 경제산업성은 2018년 4월 사업장의 무인화·간소화, 돈이 어떻게 움직였는지 보이도록 하는 지불 데이터의 활용 등을 목적으로 한 캐시리스 비전을 제시했다. 캐시리스가 침투하려면 핀테크만으로는 불충분하고, 법률이나 제도 등 정부의 백업이 필수적이기 때문이다. 아울러 일본에서는 현금 결제 의식이 강하고 정전 시에 결제할 수 없는 단점을 어떻게 극복할지가 보급의 열쇠가 될 것이다.

넓은 범위를 커버하는 핀테크

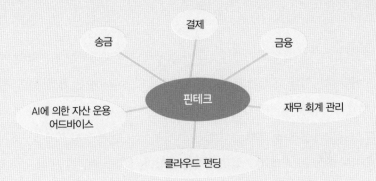

- 결제
- 송금
- 금융
- AI에 의한 자산 운용 어드바이스
- 핀테크
- 재무 회계 관리
- 클라우드 펀딩

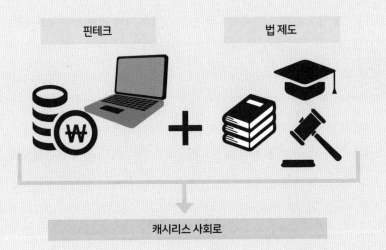

핀테크가 목표하는 캐시리스 사회

핀테크 + 법 제도

↓

캐시리스 사회로

현금주의 의식, 정전 시 결제를 어떻게 극복하느냐가 열쇠

67

30 AI가 바꾸는 것 ⑥ 금융업(3)

IT 기업이 금융업에 진출

핀테크 파도는 우리가 일상에서 자주 이용하는 은행 업무에 밀어닥치고 있다. 지금까지 은행은 ATM을 도입하여 창구 업무(예금과 송금) 직원의 감원을 추진해 왔지만, 앞으로는 은행 사무 업무 절차 등에 대한 문의 전화를 비롯해 전기(轉記) 작업 등의 장부 처리, 정보 수집, 영업 지원, 대출 심사 등도 AI로 바꾸는 것을 검토하고 있다.

증권 및 투자신탁의 판매 업무도 주문 자동화, 투자 대상 선별 등에 AI를 이용하고 있다. 미쓰비시 UFJ 신탁은행은 2017년 2월부터 개인의 자산을 운용하기 위해 딥러닝을 활용한 투자 자금의 제공을 시작했다.

이처럼 금융업이 격변하고 있는 것은 인공지능과 친화성이 높은 것이 하나의 이유이다. 금융업의 업무는 금리 변동, 환율, 자금을 이동하는 결제 등 인공지능이 특기로 하는 숫자의 계산이기 때문이다. 물론 빅데이터 분석도 특기이다.

이외에도 은행을 통하지 않고 결제나 대출 등의 서비스를 시작하는 기업이 증가한 것에 따른 위기감이 있다. 예를 들어, 지금까지 프리랜서나 중소·영세 기업 대상의 대출은 신용 조사나 서류 준비 등에 시간이 걸리는 것에 비해 큰 이익이 없다는 이유에서 적극적으로 나서지 않았다. 바로 이 점을 겨냥해서 IT 기업 등이 AI를 이용한 금융 서비스를 시작했다. 기업과 프리랜서를 연결하는 클라우드 소싱 회사, Lancers는 등록 회원에 대한 지금까지의 보수액 및 업무 평가 등을 AI를 이용하여 분석하고 최단으로 다음 영업일에 대출하는 서비스를 시작했다. 이와 유사한 대출이 해외에서는 미국의 아마존닷컴과 중국의 알리바바 그룹 등이 적극적으로 대응하고 있다.

인원 감축이 진행되는 은행

창구 업무 (예금 · 송금 등)	→	ATM 도입 등
대출	→	기업 분석 · 평가는 AI가 담당
외환	→	AI를 이용한 자동화
증권 · 투자 신탁	→	AI를 이용한 예측과 매매

개인이나 중소 · 영세 기업 대상 대출

은행

필요 서류
(결산서 · 사업 계획서 등) → 은행 직원 상담
사람이 분석 → 약 몇 주간 → 대출

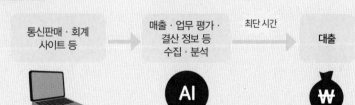

IT 기업

통신판매 · 회계
사이트 등 → 매출 · 업무 평가 ·
결산 정보 등
수집 · 분석 → 최단 시간 → 대출

AI가 바꾸는 것 ⑥ 금융업(3)

69

AI가 바꾸는 것 ⑦
물류(1)

생산된 제품을 소비자에게 전달하는 물류 업계에서는 많은 일손이 필요했다. 물류라고 하면 상품의 배송(운송)이 먼저 떠오르지만 이외에도 하역, 보관, 정보 관리, 유통 가공, 선별 분류, 포장 등 여러 종류의 업무가 있다. 하역은 운송 및 보관을 위해 상품을 싣고 내리거나 창고에 넣고 꺼내는 일을 말한다. 무게가 있는 것은 지게차나 크레인을 사용한다. 보관은 생산물을 보관해두는 것으로, 전기히터라면 여름과 가을에 생산되어 추워지면 신속하게 배송할 수 있도록 하고 있다.

정보 관리는 어떤 제품이 어떤 창고 및 유통 센터에 얼마나 있는지, 제품이 현재 어디로 운반되고 있는지를 관리하는 것이다. 유통 가공은 일용품과 의류 등의 가격표를 부착하고 상품에 불량품이나 흠이 없는지를 검사하는 등 완제품으로 하는 가공 작업을 말한다. 선별 분류는 랙에서 출하할 상품을 꺼내는 일이고, 포장은 제품이 손상되거나 오염되는 것을 방지하기 위해 상자 등에 넣는 것이다.

기존의 물류 업계에서는 기계화와 자동화를 추진하는 것이 어려웠다.

예를 들어, 선별 분류 작업에서는 모양과 크기가 다른 상품을 정확하게 꺼내야 하기 때문에 기계화가 어렵고, 선별 분류한 다음에 배송 차량에 쌓거나 배송지에서 내리는 일도 인력으로 처리해 왔다. 그리고 작업자는 장시간 노동과 육체노동으로 인해 피폐, 일손 부족도 심각하다. 또한 인터넷 쇼핑몰과 인터넷 경매, 인터넷 벼룩시장 등의 보급에 의해 소량 배송이 늘고 있는 것도 부담을 가중시키고 있다.

기계화 · 자동화가 곤란했던 물류 업계

배송

하역

보관

정보 관리

유통 가공

선별 분류

포장

지금까지는 인력에 의존하는 업무가 많아
기계화 및 자동화는 어려웠다. → **AI** 도입

32 AI가 바꾸는 것 ⑦
물류(2)

AI 및 자동 운전으로 '강한 물류'를 실현

여러 가지 이유에서 자동화·기계화가 어렵다고 여겨졌던 물류 업계가 AI의 도입으로 많은 변화를 맞이하고 있다. 예를 들어, 앞의 선별 분류 업무에서는 수많은 재고 중에서 원하는 상품을 찾아서 하나하나 집어내야 한다.

이를 위해 그동안은 작업자가 창고 안을 걸어 다니며 제품을 찾았는데 아마존(AMAZON), 아스쿨(ASKUL), 니토리(NITORI) 등은 AI 탑재 선별 분류(또는 선별 분류 보조) 로봇을 도입하여 작업 시간과 인건비를 크게 줄였다. 이들 선별 분류 로봇에 채용되고 있는 것이 3차원으로 인식하는 화상 인식 시스템과 로봇 팔의 선별 분류를 제어하는 프로그램 등이다.

특히 화상 인식 시스템의 발전은 눈부신데 자동으로 제품의 종류나 파손 여부, 깨지기 쉬운 취급상의 주의사항 등을 판별할 수 있는 시스템도 개발되고 있다.

또한 수송 업무에서는 3대 이상의 트럭이 세로로 나란히 주행하는 대열 주행 실증실험도 활발하다. 이것은 선두 차량만 유인 운전이고, 나머지 2대는 선두 차량을 따라가는 자동 운전이다. 트럭의 자동 운전은 운전기사 부족 문제를 해소할 뿐 아니라 대열 주행으로 연비 향상과 배출 가스 절감 효과도 기대되고 있다. 이러한 새로운 움직임에 일본 정부는 2017년 7월에 〈종합물류시책방안(2017년~2020년)〉을 정책 결정했다. 이에 따르면 '효율적인 물류'를 실현하기 위해 재고, 다빈도 수송 등의 검토, 물류 시스템의 국제 표준화, 대기 시간, 하역 시간의 단축, 택배편의 재배달 삭감, 소형 무인기(드론)의 활용 등 정책을 제안하고 있다.

AI와 로봇을 이용한 상품의 선별 분류

선별 분류 보조 로봇	선별 분류 로봇

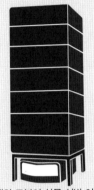

지게차 로봇이 상품 선반 아래로
들어가 선반을 종업원에게 운반
(아마존)

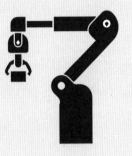

상품의 모양과 크기를 인식하고
로봇 팔이 선별 분류한다(아스쿨).

트럭 · 대열 주행의 자동화

유인 운전　　　무인　　　무인

3대 이상의 트럭이 나란히 주행
1대만 유인 운전, 뒤의 2대는 무인 운전
현재 실증실험이 진행되고 있다.

33 AI가 바꾸는 것 ⑧
보안

보안과 범죄 억제에 위력을 발휘하는 AI

방범 · 감시 · IP 카메라는 우리의 생활 안전과 안심을 가져다 준다. 감시 카메라는 은행이나 편의점 등에 설치되어 범죄를 예방하는 역할도 한다. 감시 카메라는 범죄자를 발견하는 것이 주요 목적이고 눈에 띄지 않는 장소에 설치되어 있다. IP 카메라는 주로 방에 설치해서 간호나 애완동물, 부재중 어린이의 보살핌에 사용되고 있다.

이들 카메라는 IT와 AI의 기능이 추가되면서 역할을 크게 바꾸고 있다. 방범 · 감시 카메라는 3D 센서 및 음성 인식 기능, AI 등이 탑재되어 사람의 행동 패턴을 기억하고 수상한 사람의 행동을 신속하게 분석하거나 여러 대의 카메라를 연계해서 여러 인물의 이동 경로를 분석할 수 있다.

또한 카메라의 정밀도 향상을 통해 개개인의 얼굴과 표정까지도 파악해 범인을 추적할 수 있게 됐다. IP 카메라의 경우는 거리 센서에 의해 피사체가 서 있는지 쓰러져 있는지 입체 감지가 가능하다.

또한 AI는 미국에서는 범죄 예측에 이용되고 있다. 네브래스카주 링컨 경찰은 링컨에서 발생한 범죄 기록(5년분 11만 건)을 상세하게 학습시킨 AI가 앞으로 몇 시간 이내에 일어날 것 같은 범죄의 종류와 위치를 예측하고 경찰에게 순찰을 하도록 지시한다.

또한 시카고 경찰은 AI가 미래에 범죄 가해자가 피해자가 될 가능성이 있는 40만 명의 목록을 작성하고 있다. 이처럼 치안의 목적과 개인 감시의 딜레이가 발생하는데, 감시 시스템이 개인의 사생활과 인권을 침해할 가능성에 대해서는 향후 다양한 논의가 필요하다.

생활에 안전을 가져다주는 방범 · 감시 · IP 카메라

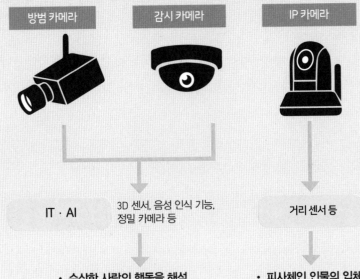

| 방범 카메라 | 감시 카메라 | IP 카메라 |

IT · AI | 3D 센서, 음성 인식 기능, 정밀 카메라 등 | 거리 센서 등

- 수상한 사람의 행동을 해석
- 인물 이동 경로의 특정
- 범인 얼굴을 특정 등

- 피사체인 인물의 입체 감지 등

AI가 바꾸는 것 ③ 보안

보안에서 감시 사회로

치안에 도움 ← 표리일체 → 감시 사회

- 안전 · 안심
- 범죄가 감소
- 범죄 예측
- 보안이 잘 되어 있음

- 개인의 프라이버시, 인권 침해 문제

34 AI가 바꾸는 것 ⑨ 마케팅(1)

AI와 빅데이터로 생활이 풍요로워지다

AI와 딥러닝은 방대한 데이터를 분석하여 법칙을 찾아내 인력으로는 지금까지 해결하지 못했던 대안을 제시해준다. 따라서 고객의 방대한 데이터를 이용하는 마케팅 분야에서도 뜨거운 시선이 쏠리고 있다.

마케팅은 상품 개발에서 시작해 판매 전략 및 광고에 이르는 일련의 프로세스, 즉 상품이 잘 팔리는 구조를 고안한다. 그러기 위해서는 고객이 무엇을 요구하고 있는지를 조사하는 시장 조사, 신문 및 인터넷 광고와 DM 등 광고 홍보 활동, 나아가 이러한 활동이 얼마나 매출에 직결될 것인지 마케팅 효과를 검증한다.

고객은 실로 다양한 정보를 가지고 있다. 연령, 성별, 거주 지역 등의 기초 데이터, 매장 구매 기록, 인터넷 쇼핑몰 구매 기록과 구매 빈도 등의 행동 데이터, 설문 조사 응답 등에서 파악할 수 있는 의향 데이터 등으로 나뉜다. 기업은 이러한 데이터를 활용하여 마케팅에 활용한다.

그러나 인력으로 수천, 수만 명 단위의 데이터를 분석하는 것은 무리이다. 그래서 AI와 딥러닝이 나설 차례이다. 빅데이터는 그 상태 그대로는 쌓인 정보의 산에 지나지 않는다. 전처리를 통해 빅데이터를 정리·분류·분석한다. 데이터 마이닝에 의해 법칙 및 새로운 지식을 알아낼 수 있다. 우리가 평소 인터넷에서 검색을 하면 자신이 입력한 키워드와 연동한 광고가 표시되는 검색 연동형 광고와 웹 페이지의 내용을 판단하고 관련 광고를 표시하는 디스플레이 광고 등은 가까운 예라고 할 수 있다.

고객은 다양한 정보를 가지고 있다

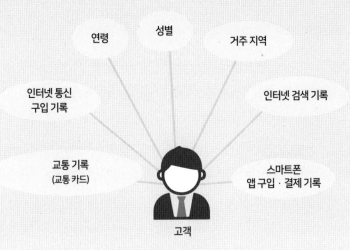

연령

성별

거주 지역

인터넷 통신
구입 기록

인터넷 검색 기록

교통 기록
(교통 카드)

스마트폰
앱 구입 · 결제 기록

고객

기업은 이들 정보를 수집, 분석하여 마케팅에 활용한다.

빅데이터에서 법칙과 새로운 지식을 찾아낸다

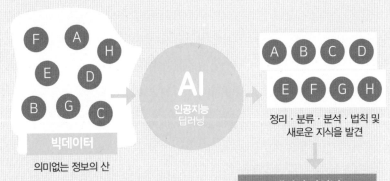

빅데이터

의미없는 정보의 산

AI
인공지능
딥러닝

정리 · 분류 · 분석 · 법칙 및
새로운 지식을 발견

데이터 마이닝

35 AI가 바꾸는 것 ⑨
마케팅(2)

30분 후의 미래를 예측하는 AI

　　AI는 인생의 가장 큰 사건 중 하나인 결혼 관련 서비스에도 응용되기 시작했다. 중매 지원 서비스에서 상대방을 연결시켜 주는 것을 인간이 아닌 AI가 한다. 흥미로운 분석 대상은 지금까지 중시되어 온 상대의 연수입 · 신장 · 학력 등이 아니라 결혼 희망 상대자가 어떤 결혼을 희망했는지, 휴일을 어떤 식으로 보내는지 등을 적어 넣은 문장이라는 것이다. 문장을 하나하나 분해해서 단어, 접속사, 조사, 사용하는 문장 등에서 그 사람의 특징을 이끌어낸다. 그리고 과거 결혼까지 성사된 커플의 성공 패턴을 다수 학습시켜 그 패턴과 비슷한 남녀를 매칭하는 구조이다.

　　이 밖에 방대한 데이터와 AI를 활용하여 성과를 내고 있는 것이 NTT도코모가 개발한 AI 택시이다. 지금부터 30분 후까지의 택시 승차 수요 예측 서비스 등을 제공한다.

　　예측에는 NTT도코모가 보유하고 있는 휴대전화 위치 정보 데이터와 택시 업체가 갖고 있는 고객의 승하차 데이터, 심지어 날씨, 날짜, 요일 등을 활용한다. 과거 데이터에서 택시를 탄 사람이 많았던 장소에 사람이 모이면 수요가 있다고 판단하고 그 위치로 이동하도록 택시에 탑재된 액정 화면에 메시지를 표시한다. 다양한 분석 데이터를 입력해서 높은 정확도의 예측, 고객의 택시 대기 시간 단축, 이벤트 등 승차 수요 급증에 대한 대응, 운전자의 운전 효율 향상 등을 기대할 수 있다.

　　이처럼 마케팅 업계에서도 AI와 딥러닝은 꾸준히 성과를 올려서 기존의 비즈니스에 새로운 기회를 가져다 줄 것이다.

인공지능이 결혼 상대를 고른다

인공지능

혼인(희망)신청서에
기입한 문장

＋

과거의
성공 예

어울리는 남녀를 매칭

미래의 승차 수요를 예측하는 AI 택시

NTT도코모가 개발

택시 운행 데이터

휴대전화 위치
데이터

날씨 데이터

요일 데이터 등

FRI

인공지능

지금부터 30분 후까지의 승차 수요를
예측한다.

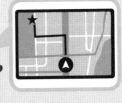

AI가 바꾸는 것 ⑨ 마케팅(2)

AI가 게임을 더욱 더 재미있게 한다

AI 개발의 발전을 말할 때 게임이라는 요소는 빼놓을 수 없다. AI와 인간이 벌인 체스나 바둑 대전에 의해 AI의 개발이 진행되었다고 해도 좋을 것이다. 사실 AI는 현실 세계에서 활약할 때 프레임 등의 문제가 있었다. 그중에서도 게임 AI 분야는 게임이라는 제한된 규칙 프레임 안에서 AI가 활약할 수 있어 진화시키기에는 완벽한 환경이다.

게임 AI의 개발 배경에는 기호주의(지식처리)와 연결주의(신경망)의 큰 두 가지 흐름이 있다. 왓슨은 기호주의의 대표적 예이고, 알파고는 연결주의의 대표적 예이다.

기호주의 AI는 예상된 범위에서 꾸준히 학습·진화하고 있다. 그러나 연결주의 AI는 학습 내용과 진화 과정이 미지수인 부분이 있어 끝없는 가능성을 내포하고 있다.

실제로 알파고는 인간의 바둑을 학습한 후에는 자기 대전에 의해 강화 학습을 반복하여 강화하고 사고 과정도 해석되지 않았다. 미래에는 기호주의와 연결주의를 융합한 기술이 대두할 것이다. 이것이 실현되면 지금까지 없었던 최강의 게임 AI가 탄생할지도 모른다.

제 **3** 장

변화에 대비하자!
기술의 진화와
변화하는 생활

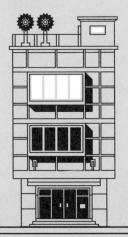
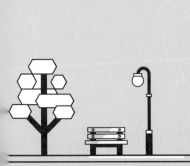

36 인터넷으로 모두가 이어지는 세계

우리는 PC나 스마트폰 등 항상 인터넷에 연결되어 있는 세계에 살고 있다. 인터넷이 보급된 1990년대 이전에는 PC를 둘러싼 환경이 크게 달랐다. 네트워크는 존재했지만, 한정된 연구기관이나 기업에만 한정되었다.

인터넷의 보급으로 바뀐 것은 거리와 시간을 신경 쓰지 않아도 되고, 정보를 빨리 손에 넣을 수 있으며, 개개인이 SNS 등으로 정보를 공유할 수 있게 되는 등 다양하다. 일정한 형식으로 규격화된 데이터의 공유 · 활용 · 복사 및 가공을 인터넷상에서 할 수 있게 된 것이다.

예를 들어, 스마트폰으로 SNS에 사진을 게시할 때는 카메라로 촬영하고 필요에 따라 앱으로 가공하고, 인터넷을 통해 SNS에 사진을 업로드하여 설명 등을 게시하면 된다. 파일 공유, 활용, 복사, 가공 작업에는 촬영된 이미지가 표준화된 다양한 앱과 서비스를 사용할 수 있도록 되어 있어야 하는 것이 전제이다.

인터넷이 보급되기 전 아날로그 시대에는, 사진은 필름 카메라로 촬영하고 필름을 현상해서 인화된 것을 선별하고 나서 개인전을 열어 일정한 지역이나 한정된 사람들에게 보이는 형태가 일반적이었다. 그리고 각 프로세스는 독립적이며 쉽게 복사 및 가공, 공유할 수 없었다. 그러나 그런 와중에 디지털 시대의 도래로 데이터는 왕성하게 집적되었고, 이것이 현재의 제3차 붐(빅데이터의 학습)의 토양을 형성하게 되었다.

전 세계와 연결되는 인터넷

인터넷 보급 전

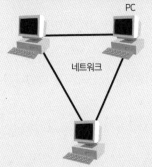

PC

네트워크

인터넷 보급 후

스마트폰

인터넷 서비스
프로바이더

디지털 TV

PC

한정된 영구기관과 기업 사이에서 사용

전 세계의 사용자에게 열려 있다.

데이터의 공유 및 가공이 수월하다

인터넷 보급 전

필름 카메라로 촬영

↓

필름 현상

↓

인화

↓

개인전 등에서 한정
된 사람에게 보임

인터넷 보급 후

스마트폰 카메라로 촬영

↓

데이터 가공
인터넷으로 접속
데이터 업로드(SNS)
텍스트 입력

↓

전 세계 사람들에게 보임

인터넷상에서 데이터의 공유·활용·복사·가공이 가능

인터넷으로 모두가 이어지는 세계

37 모든 데이터가 가상 공간에 저장된다

인터넷의 보급으로 많은 사람들이 방대한 양의 데이터를 주고받게 되면서 고속 회선이 필요해졌다. 그리고 광 회선의 보급과 프로바이더(인터넷에 연결하기 위한 통신 사업자)의 기술 향상으로 많은 데이터를 더 빨리 전송할 수 있게 됐다.

이에 따라 인터넷 초창기와는 달리 상시 접속이 당연한 상태가 되고, 소프트웨어 사용 및 데이터 관리를 이용자의 각 컴퓨터가 아닌 인터넷상의 서비스를 이용해서 실행하는 움직임이 등장했다. 이것을 클라우드 컴퓨팅이라고 한다. 각 PC에는 인터넷 연결 기능과 브라우저 등의 환경을 정비하고 서비스 요금을 지불하면 서비스 사업자(ASP)가 제공하는 다양한 소프트웨어와 서비스를 이용할 수 있다.

이용자 입장에서 보면 회사에서 사용하는 수십, 수백 대의 소프트웨어를 구입하지 않고 필요한 소프트웨어를 필요한 기간 사용하는 방식으로 비용을 절감할 수 있을 것으로 기대한다.

이처럼 기존의 각 PC에 설치되어 있던 패키지 소프트웨어의 기능을 클라우드 서비스로 제공되는 것을 SaaS (사스)라고 한다. 클라우드 컴퓨팅의 일종으로 ASP는 소프트웨어 개발 회사와 서비스 제공 회사가 다르지만, SaaS는 소프트웨어 회사가 서비스도 제공한다. 인터넷 환경이 있으면 어디서나 액세스할 수 있고, 데이터는 인터넷상의 스토리지(저장 장치)에 저장 가능하다. 그리고 팀에서 데이터 관리 및 편집할 수 있는 특징이 있어 비즈니스에 활용할 수 있을 뿐 아니라 개인 데이터의 보관에도 활용할 수 있다.

클라우드 컴퓨팅이란 무엇인가?

기존의 방법

소프트웨어 인스톨

SOFT

PC

데이터 저장

클라우드 컴퓨팅

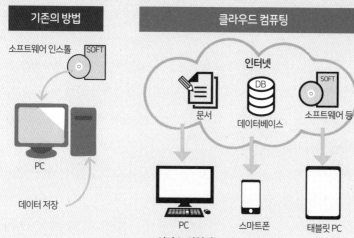

인터넷

문서
데이터베이스
소프트웨어 등

PC
스마트폰
태블릿 PC

서비스 사업자(ASP/Application Service Provider)

개별 PC 등에 소프트웨어를 설치하지 않고
인터넷상의 소프트웨어와 서비스를 이용하는 것

SaaS (사스)는 무엇인가?

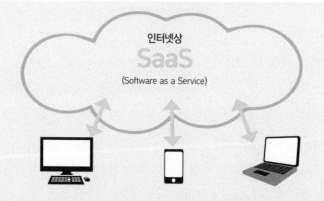

인터넷상
SaaS
(Software as a Service)

인터넷상의 소프트웨어를 호출하여 사용하는 것

모든 데이터가 가상 공간에 저장된다

38 IoT와 생활 ①
인터넷에 연결되는 가전

생활 정보도 인터넷으로 관리한다

인터넷은 비단 PC나 휴대전화뿐만 아니라 자동차나 TV, 의료기기 등에도 연결되어 통신 및 작업 자동화가 가능해지고 있다. 우리 주변의 다양한 사물이 인터넷에 연결되어 정보의 교환이나 기기의 제어 등을 수행하는 것을 사물 인터넷, 즉 IoT(Internet of Things)라고 한다.

일례로 가정용 IoT를 들어보자. 아마존 에코와 구글 홈 같은 AI 스피커는 마이크로 인간의 음성을 인식하고 정보 검색이나 음악 재생 등 연계 기기의 조작을 수행한다. 와이파이 및 블루투스 등을 통해 인터넷에 연결, 내장 마이크로 인간의 음성을 인식하고 딥러닝을 통해 최적화된 서버 측의 답변이 스피커에서 나오는 구조로 되어 있다.

또한 집안에 거주하는 사람의 행동을 센서로 포착하고 딥러닝을 통해 행동 패턴을 학습하여 자동으로 조명을 끄고 켜거나 커튼을 열고 닫는 등을 제어해주는 시스템도 있다. 이외에도 AI 스피커를 통해 다양한 기기를 컨트롤할 수 있다.

아침에 일어나 침대에서 AI 스피커에 '안녕'이라고 말을 걸면 자동으로 셔터와 커튼이 열리고 TV와 에어컨이 작동한다. 출근을 위해 집을 나설 때 '다녀올게'라고 말을 하면 이번에는 TV와 에어컨, 조명이 꺼지는 식으로 사용할 수 있다.

이처럼 IoT를 활용하면 다양한 기기나 가전 제품을 자동 제어할 수 있어 우리의 삶을 한층 풍요롭고 편리하게 해준다.

IoT란 무엇인가?

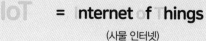

IoT = **Internet of Things**

(사물 인터넷)

인터넷

중계 기기(스마트폰 등)

디바이스
(전자 기기)

센서류　　　TV　　　자동차

다양한 기기가 인터넷에 연결되어 정보를 교환하고
기기를 제어할 수 있다.

음성으로도 제어 가능한 IoT 기기

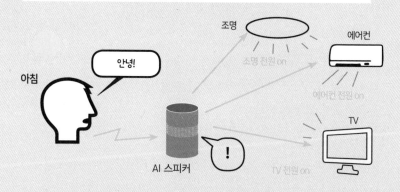

안녕!

아침

조명

조명 전원 on

에어컨

에어컨 전원 on

TV

TV 전원 on

!

AI 스피커

AI 스피커가 주요 가전 제품의 리모컨을 대신한다.

87

IoT와 생활 ① 인터넷에 연결되는 가전

39 IoT와 생활 ② 진화하는 홈 시큐리티

집 경비도 인터넷으로 관리한다

IoT 기기는 방 안의 가전을 제어할 뿐만 아니라 홈 시큐리티 분야에서도 위력을 발휘한다. 홈 보안은 주택에 센서를 설치하고 화재, 가스 누출, 빈집털이범 등 이상을 감지하면 경비회사에 자동 통보하거나 경보가 울려 집을 지키는 시스템으로, 문단속 및 방범 카메라를 자동 녹화하는 IoT 기기도 있다.

빈집털이 예방을 위한 시스템으로는 수상한 사람이 창문이나 문을 열면 센서가 감지하여 경보가 울리는 장치나 앱을 통해 자택에 설치한 방범 카메라의 영상을 스마트폰에서 확인할 수 있는 서비스 등이 있다.

집안의 보안 시스템은 스마트폰이나 카드를 대고 잠금 장치를 여닫을 수 있는 스마트키(스마트 도어록), 애완동물 돌보기와 자동 먹이 주기가 가능한 시스템, 창문에 설치한 센서를 통해 집 문단속을 파악할 수 있는 시스템 등 모두 스마트폰과 연동하여 편리하게 활용할 수 있다.

앞으로 수요가 확대할 가능성이 높은 것이 고령자를 위한 홈 시큐리티 서비스이다. 스마트 워치를 손목에 착용하고 몸의 움직임이 일정 시간 감지되지 않는 경우에 구급센터에 알리는 시스템과 야외나 실내에서 갑자기 질병이 발생했거나 부상을 입었을 때 위치를 알려주는 GPS 기능 휴대 단말기 등이 있다.

또한 떨어져 지내는 부모의 안부를 확인하기 위해 생활 동선이나 화장실 문에 센서를 설치하여 일정 기간 움직임이 감지되지 않으면 병원에 알려주는 돌보미 시스템도 있다. 여러모로 매우 편리한 시스템으로 기대를 모으고 있지만, 정전이 되면 기능을 하지 못하는 단점도 있다.

홈 시큐리티에 도움을 주는 IoT 기기

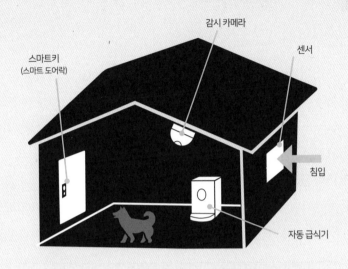

감시 카메라

센서

스마트키
(스마트 도어락)

침입

자동 급식기

IoT 기기를 이용하여 스마트폰과 연동한 홈 시큐리티를 실현할 수 있다.

고령자를 위한 홈 시큐리티

건강 관리와 구급 통보가 가능한
스마트 워치

실내외에서 갑작스러운 질병이나 부상 시에 위
치를 통보할 수 있는 GPS 기능 휴대 단말기

앞으로 수요가 확대할 가능성이 높다.

40 통신 단말기가 더 작아지는 날이 온다

인류의 통신 수단은 어디까지 진화할까?

휴대전화는 전화기의 소형화와 무선 통신이 결합되어 현재 주류를 이루고 있는 스마트폰은 통화뿐 아니라 인터넷, 동영상·사진 촬영, 앱 사용 등 다양한 용도로 이용되고 있다. 주고받을 수 있는 정보량이 늘고 있고 액정 화면이 추가되어 인터페이스가 편리해지는 가운데, 앞으로 어떤 형태로 진화할지 궁금증을 더한다.

현재 생각할 수 있는 것 중 하나가 웨어러블 단말기로서 데이터 관리 및 모니터 컨트롤러의 역할이 증가할 가능성이 있다. 웨어러블 단말기는 웨어러블(입을 수 있는)이라는 이름 그대로 몸에 지니고 신체 데이터와 행동 로그를 기록하거나, 스마트폰에서 떨어진 곳에 있어도 메일이나 전화 알림이 있었다는 것을 통지해준다.

손목 밴드형 스마트 워치를 비롯해 헤드 마운트 디스플레이형 등의 웨어러블 기기가 있으며, 사람들의 건강 지향 추세와 맞물려 혈압이나 심박수를 체크하는 등의 건강 관리에 사용하는 사람이 늘고 있다.

또한 앞으로 주목받는 것이 장착형 웨어러블 단말기에서 삽입형 임플란트형 단말기가 될지도 모른다.

이것은 인간의 체내에 마이크로칩이나 마이크로컴퓨터를 삽입하여 체내의 데이터 수집 및 송수신하여 건강 관리 및 카드 키의 역할을 가능케 하는 것이다. 그러나 삽입된 마이크로칩이나 마이크로컴퓨터가 인간의 신체와 정신에 어떤 영향을 미칠지 알 수 없고, 체내에 삽입하는 것 자체에 저항을 느끼는 사람도 많아서 보급까지는 해결해야 할 과제가 많은 실정이다.

웨어러블 단말기란 무엇인가?

손목 밴드형

스마트 안경
헤드 마운트 디스플레이의 일종
렌즈 앞에 디스플레이가 붙어 있다.

스마트 워치
건강 관련 데이터나 메일, 전화 알림
기능 등

몸에 장착하고 건강 데이터나 행동 로그 기록 등을 하는 단말기

웨어러블 단말기에서 임플란트형 단말기로

임플란트형 단말기
신체에 매립한 단말기

건강 데이터의 수집, 카드 키 역할을 대신한다.

마이크로 칩형 단말기 등을
몸 안에 삽입한다.

통신 단말기가 더 작아지는 날이 온다

41 스마트폰 AR로 새로운 현실을 체험한다

AR과 GPS가 현실과 가상을 융합한다

2009년 스마트폰이 등장한 이래 보급 대수가 확대됨과 더불어 많은 응용 프로그램이 개발되었다. 특히 게임 앱이 많고, AR(증강현실) 기술의 도입 등 새로운 도전도 시도됐다.

같은 해 세카이 카메라(Sekai Camera)라는 AR을 사용한 앱이 일찍이 출시되어 화제가 되었다. 아무것도 없는 공간에 카메라를 향하면 공중에 태그가 붙은 상점 정보가 간판(에어 태그)으로 떠오르는 구조이다. 태그의 위치로 가서 앱을 기동하면 누군가가 태그 붙인 정보를 읽을 수 있는 획기적인 유저 경험을 제공하여 인기를 끌었다.

다음의 사례는 2013년에 출시되어 AR에 자신이 있는 장소의 GPS(전 지구 위치 파악 시스템) 정보를 융합시킨 인그레스[1]이다. 현실 세계와 같은 길, 같은 장소를 비춘 공간에서 땅 따먹기 게임을 전개하는 것으로, 그 장소에 가지 않으면 게임이 진행되지 않는 새로운 경험을 제공했다. 개발한 것은 원래 구글의 사내 스타트 업인 나이앤틱이다. 2016년에는 같은 기술을 사용한 포켓몬 GO를 선보이며 새로운 사회 현상을 일으켰다. 앞으로도 AR과 GPS를 융합한 게임은 개발이 진행되어 새로운 경험을 제공해줄 것이다.

이외에 관광 분야에서도 AR이 적극적으로 활용되고 있다. 관광지에 태그를 붙인 정보를 앱으로 가져와서 그 앞에 있는 정보 문자나 동영상 콘텐츠를 제공하는 서비스이다. 앱의 특성상 언어를 선택할 수 있으므로 인 바운드, 심지어 2021년 도쿄 올림픽에서의 유용성도 검토하고 있다.

---

[1] **ingress** 구글에서 독립한 나이앤틱(Niantic Labs)에 의해 개발된 대규모 다중 사용자 온라인 위치 기반 증강 현실 게임

AR + GPS 게임의 구조

AR	GPS		현실

앱 게임 내의
가상 공간

GPS 정보에 기초한
게임 화면 및 장치

스마트폰 카메라가
포착한 현실 세계

가상 공간과 현실 세계를 겹쳐 증강현실을 표시한다.

관광지에서의 AR 활용

맛있는
○○식당
간판

명물 만두

사이클 이벤트

스마트폰

10, 11일
포스터

관광지의 풍경이나 건물을 촬영하면 정보를 알 수 있다.
포스터나 간판은 AR뿐 아니라 QR 코드를 읽는 유형도 사용되고 있다.

스마트폰 AR은 새로운 현실을 체험한다

42 전기 자동차의 장점과 기술

전지구 규모의 온난화 및 기상 이변으로 환경에 대한 관심이 높아지는 가운데, 특히 많은 비난을 받고 있는 것이 자동차 산업이다. 배출 가스 규제도 갈수록 강화되는데다 네덜란드에서는 2025년, 스웨덴에서는 2030년, 영국, 프랑스, 독일에서는 2040년까지 가솔린 자동차 등의 신차 판매가 금지된다. 그래서 전 세계 자동차 제조사는 가솔린 자동차에서 친환경 전기 자동차(EV)로 빠르게 전환하고 있다.

그럼 EV 시프트가 일어나면 자동차 산업은 어떻게 될까? 가솔린 차량은 엔진에서 가솔린을 연소하여 주행하는 반면 EV에 필요한 것은 전기를 모은 배터리와 모터(전동기)이다. 가장 큰 차이는 EV는 엔진이 필요 없다는 것이다. 이로 인해 점화 장치, 흡배기 장치 등의 사용 부품이 격감함에 따라 지금까지 제조사 하청을 맡던 중소 부품 업체가 도태되고, 완성차 업체를 정점으로 한 피라미드형 산업 구조가 붕괴, 차량 가격도 내려갈 것으로 예상되고 있다.

다음으로 예측 가능한 것이 전자 부품을 중심으로 한 산업으로 바뀌고 범용 부품 조립이 가능해지는 만큼 타 업종 기업이 자동차 산업에 진출하여 경쟁이 심화하는 시나리오다. 자율주행과 AI 등 IT계 기술도 탑재되기 때문에 이에 쫓아가지 못하는 기업은 사라질 것이다. EV의 단점인 배터리나 충전 시간 문제 역시 고용량을 단시간에 충전할 수 있는 전 고체 전지가 실용화되면 해소될 전망이다. 자동차 업계는 100년에 한 번 찾아오는 대변혁을 어떻게 극복할지 주목이 집중되고 있다.

가솔린 자동차와 EV(전기 자동차)의 차이

가솔린 차

가솔린 + 가솔린 엔진

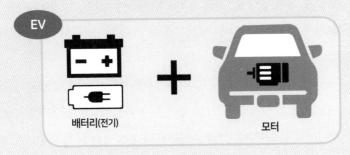

EV

배터리(전기) + 모터

EV 시프트로 변화하는 산업 구조

엔진이 불필요

도태
완성차 업체
하청 업체
엔진 관련 업체

피라미드형 산업 구조가 붕괴

전자 부품 및 IT 기능이 중심

운전 지원　자동 브레이크

자동 운전　센서·카메라류

**범용 부품으로 조립 가능
타 업종 기업의 참여**

전기 자동차의 정점과 기술

미래의 옷은 고기능 화학 섬유가 중심이 된다

우리의 생활에서 필요한 의류 분야는 기능과 디자인 면에서 빠르게 발전하고 있다. 의류는 직물과 편물이고 세세하게 살펴보면 섬유의 조합으로 되어 있다. 섬유에는 양모와 면 등 동물과 식물에서 생산되는 천연 섬유, 석유와 단백질, 펄프 등으로 만들어진 화학 섬유의 2종류가 있고, 원료와 만드는 방법에 따라 합성 섬유, 반합성 섬유, 재생 섬유 등으로 나뉜다.

그중에서도 기술 혁신과 생산량의 증대가 현저한 것은 화학 섬유이다. 특히 폴리에스테르나 나일론 등의 섬유에 특수 기능을 가미한 고기능 섬유는 그 좋은 예라고 할 수 있다. 섬유 자체에 신축성이 있는 스트레치 섬유, 땀으로 따뜻해지는 흡습 발열 섬유, 땀을 빨리 흡수하고 건조시켜 주는 흡한 속건 섬유, 땀이나 오염에 의해 번식하는 균을 억제하는 항균 방취 섬유 등이 있다. 흡습 발열 섬유는 유니클로가 히트텍으로 발매해 크게 히트시켰다. 화학 섬유는 원료의 안정 공급에 의한 대량 생산이 가능하고, 방수와 보온 등의 가공성이 우수하며 색상과 모양도 다양해서 리사이클도 쉬운 특징이 있다. 특히 방풍과 신축성 등의 기능에 따라 옷을 만들 수 있는 것도 강점이라고 할 수 있다.

예를 들어, 섬유 원사 내부에 공간을 만들어 공기를 모아 두는 방식으로 따뜻함과 가벼움을 실현했고, 소재뿐 아니라 짜는 방법을 고안하여 통기성을 저감하는 것도 가능하다. 이외에도 방탄조끼나 소방복에 사용되고 있는 슈퍼 섬유도 있어, 앞으로도 다양한 용도에 따라 고기능 의류가 속속 등장하고 몸에 딱 맞는 디자인의 옷이 많아질 것이다.

섬유의 종류

천연 섬유	화학 섬유

양모

면

석유

⬇

합성 섬유

(폴리에스테르, 나일론 등)

셀룰로오스

+

화학 약품

⬇

반합성 섬유

(아세테이트 등)

다양한 기능을 가진 화학 섬유 의류

방풍

흡한 속건

보온

섬유의 중앙이
구멍

따뜻한 공기를 모아
두는 것이 가능하다.

신축성

44 인재(人材)를 인재(人財)로 바꾸어가는 HR 테크 ①

AI가 면접하는 시대가 시작되고 있다

생활을 바꾸는 기술 중 하나에 HR 테크(Human Resources × Technology의 조어)가 있다. 방대한 작업량에 쫓기는 대기업의 인사 부서에서 안고 있는 문제를 해결하고, 본업인 인재 육성·기업 전략에 집중하는 것이 목적이다. 대기업의 이야기만이 아닌, 일하는 방식의 개혁이라는 조류에 맞춰 일하는 사람들의 스타일을 바꿀 가능성을 지닌 분야라고도 할 수 있다.

그중에서도 채용 면접에 IT와 AI의 도입이 가속되고 있다. 면접에는 동영상 면접과 AI가 직접 면접하는 2가지의 흐름이 있고, 동영상 면접에서는 구글 행 아웃이나 스카이프를 이용한 실시간 면접 유형과 예정된 질문에 응답한 동영상을 녹화해 전송하는 유형이 있다. 스마트폰의 보급으로 IT 격차 없이 참가할 수 있는 환경의 도입이 가속화를 뒷받침하고 있다. 2018년에는 대기업을 중심으로 AI 면접 솔루션이 도입되었다. 이것은 서류 전형 및 1차 면접을 AI가 맡는 것이다.

판단 기준은 과거의 서류 전형, 필기시험·면접의 합격 판정 기준, 그 후의 취업 경향 등을 데이터베이스하고 AI는 우열이 아닌 매칭의 관점에서 판단하고 있다. 예를 들어, 문장의 내용이 논리적인지, 전문 용어를 제대로 사용하였는지 등이 판단 기준이 된다. 이로 인해 불필요한 면접을 줄일 수 있을 것으로 기대된다.

지금은 일괄 신규 졸업자 채용에 도입되고 있지만, 향후 대기업뿐만 아니라 중소기업에도 도입된다면 기업 측의 채용 기회, 직원의 전직 기회가 증가하여 인재의 유동화가 진행할 것으로 보인다. 그러면 지금 이상으로 자신에게 맞는 업무 방식을 찾을 수 있을 것이다.

HR 테크의 목적

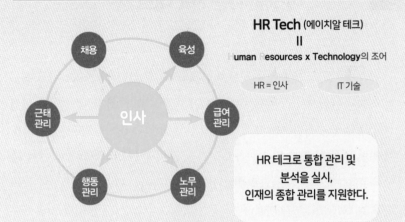

HR Tech (에이치알 테크)
=
uman esources x Technology의 조어

HR = 인사   IT 기술

HR 테크로 통합 관리 및
분석을 실시,
인재의 종합 관리를 지원한다.

AI 면접의 구조

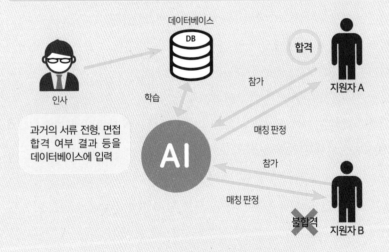

**AI가 대답을 내는
기준 예**

- 과거 채용한 사람의 서류 내용
- 과거 채용한 사람의 필기시험 결과
- 면접에서 채용한 사람의 소양
- 취업 후의 활약(선배 사원의 경향) 등

45 인재(人材)를 인재(人財)로 바꾸어가는 HR 테크 ②

인사 업무가 바뀌면 일하는 방식이 바뀐다?

HR 테크의 최종목표는 기업의 인사 개혁이다. 인사 업무는 인재의 채용에서 시작하여 육성 및 평가, 인력의 배치 등 다양하다. 면접 하나만 하더라도 원하는 인재 등의 구인 조건 설정이나 졸업자 · 전직자의 개별 면접 설정, 평가 후 2차 면접 설정 등 복잡하다. 일련의 작업은 개인 정보의 수집 · 관리를 시작으로 개별 연락, 채용 통지서 발송 등 작업량과 처리해야 할 정보량이 방대하다. 이와 같은 수많은 문제를 IT와 AI를 사용하여 해결하고 있다.

기본적인 절차는 먼저 인사 담당자가 관리하는 정보(채용 · 평가 · 근태 등)를 서버에 입력 · 저장한다. UI(사용자 인터페이스)는 브라우저를 사용하기 때문에 컴퓨터에 대한 지식이 적은 사람들도 쉽게 다룰 수 있는 것이 특징이다. 다음에 데이터를 중앙 관리하는 어플리케이션에 전달되어 데이터베이스화된다. 다음으로 AI가 분석 · 해석한 후 인사 업무에 필요한 데이터를 순식간에 출력하는 솔루션이다. 비단 직원의 관리뿐 아니라 평가 측면에서도 기대를 모으고 있다. 그 이유는 사람이 사람을 평가하면 주관이 개입되지만 AI의 분석 결과는 객관적이기 때문이다.

미국에서는 2000년경부터 주목받으며 현재 많은 기업에서 채용 및 인재 관리 솔루션을 도입하고 있다. 그러나 종신 고용이 전제였던 일본에서는 10년 정도 도입이 지연되고 있다. AI에 의한 평가가 실현되면 부서 또는 상사에게 좌우되지 않고 개인의 능력이나 성과가 정당하게 평가되어, 기업에 대한 불만도 줄 것으로 생각된다. 그 결과 개개인의 인재로서의 가치도 높아지고, 전직 등 유동적인 근무 형태가 활발해질 것으로 기대된다.

HR 테크 솔루션이란?

인사

데이터 입력

채용 관리

HR 테크 솔루션
(최적의 해결책)

중앙 관리

- 구인 정보 작성
- 응모자 관리
- 진행 확인 · 관리
- 개별 면접 관리

DB 데이터베이스

모든 데이터를 시각화한다.

분석 · 해석
전략 수립

AI

관리 & 분석을 위해 데이터를 축적한다.

인재 육성   행동 관리   급여 관리

근태 관리   노무 관리

인사 업무가 효율화되면…

- 능력 등의 평가가 공정해진다.
- 인재(人材)의 인재(人財)로서의 육성에 주력할 수 있다.

개개인의 능력이 향상되어 근로 방식의 자유도가 높아진다.

인재(人材)를 인재(人財)로 바꾸어가는 HR 테크 ②

돈의 개념을 바꾸는 가상통화 ①

핀 테크(금융×기술) 분야에서 우리의 생활을 바꿀 가능성을 가진 것이 가상통화이다. 가상통화는 동전과 지폐가 없는 가상(virtual) 통화로 암호화된 정보를 교환하는 것으로 거래가 성립된다. 특성상 암호 통화라고도 한다.

네트워크 게임 속의 한정된 커뮤니티에서, 가령 1데이터 = 100원이라고 약속하고 개인 간에 교환하는 = 가상의 통화였다. 이것은 현실 세계에서는 사용할 수 없었다.

그런데 2008년 사토시 나카모토(中本哲史, 본명이나 국적 불명)가 발표한 논문에 적힌 블록체인 기술(다음 항 참조)을 사용하면, 하나하나의 데이터 덩어리를 견고하게 암호화하여 안전하게 교환할 수 있다는 기술이 발표되었다. 그리고 2009년 가상화폐를 취급할 수 있는 소프트웨어가 제공되면서 비트 코인 등의 운용이 시작됐다. 2010년 미국의 프로그래머가 피자를 2판 구입하는 거래에 비트 코인을 사용한 것이 최초 기록이다.

국가가 공식적으로 발효한 통화가 아니기 때문에 신뢰성에 어려움이 따르지만, 높은 기술력과 사용의 편의성을 내세워 2012년에는 유럽 중앙은행, 2013년에는 미국 재무부 금융 범죄 단속 네트워크 통화로 승인됐다. 일본에서는 2016년경에 발의되어 2017년 개정자금결제법(가상통화법)에서 가치 있는 화폐로 인정받았다. 왜 가상통화가 기대를 받는 걸까? 그 이유에는 고도의 암호화 기술에 의한 보안 확보, 네트워크상에서 간편하게 다룰 수 있는 편의성이 있다. 그리고 국가와 은행 등에 의존하지 않는 통화라는 점을 들수 있다. 다음 항에서 가상통화를 지원하는 기술을 살펴본다.

가상통화의 시작과 발전

2008년	• 사토시 나카모토가 가상통화 관련 논문을 발표 ※본명인지, 일본인인지도 확인되지 않는다.
2009년	• 가상화폐 비트코인을 취급하는 소프트웨어를 제공하면서 운용 개시
2010년	• 미국에서 프로게이머가 1만 비트코인으로 피자를 2판 구입한 것이 최초의 거래로 기록
2017년	• 일본에서 개정 자금결제법(가상통화법)이 시행 • 가전양판점 대기업인 빅카메라가 계산대나 인터넷에 비트코인 결제를 도입
2018년	• 1비트코인은 일본 엔으로 약 70~80만 엔까지 상승했다.

지금까지의 통화와 다른 점

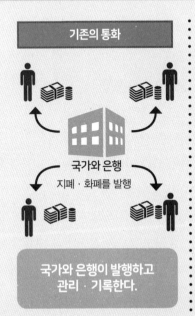

기존의 통화

국가와 은행

지폐 · 화폐를 발행

국가와 은행이 발행하고
관리 · 기록한다.

가상통화

블록체인

인터넷상의 제3자가
서로 승인을 통지한다

모두가 데이터 분산(블록체인)
해서 관리 · 기록한다.

돈의 개념을 바꾸는 가상통화 ①

47 돈의 개념을 바꾸는 가상통화 ②

가상화폐는 블록체인(분산형 대장)이라는 기술로 성립한다. 이것은 거래 정보 등을 분산해서 관리하는 기술이다.

거래 정보를 입력하면 데이터가 하나의 블록으로 생성된다. 이 블록에는 거래 정보 외에 복잡한 알고리즘으로 생성된 해시 값이라는 데이터와 값을 구한 계산 결과의 파라미터인 논스(nonce)가 추가된다.

각각의 블록은 분산되어 네트워크상에 존재하고 네트워크 공유 기술인 피어 투 피어(P2P, Peer to Peer)로 연결되어 있다. 이 네트워크상에는 첫 번째 블록을 생성한 사람과 그 내용을 볼 수 있는 사람들이 존재하고, 네트워크 참가자가 승인하면 두 번째 블록을 생성할 수 있다. 이러한 과정을 반복하며 연결해간다고 해서 블록체인이라고 불린다.

보안 측면에서도 견고하여 만약 10개가 연결되어 있는 블록의 세 번째를 악의적으로 조작하려고 시도하면, 뒤에 연결되어 있는 7개 블록의 해시 값 모두를 변경해야 한다. 하지만 해시 값은 복잡한 알고리즘을 사용하여 암호화되기 때문에 변경하는 것은 기술적으로 거의 불가능하다고 알려져 있다.

이런 흐름을 타고 2017년부터 미쓰비시 UFJ 파이낸셜 그룹도 신형 블록체인 개발에 나섰다.

블록체인 기술은 금융 업계뿐 아니라 다양한 분야에 응용이 검토되고 있다. 예를 들어, 의료 분야에서는 진료 기록 카드 등의 진료 정보나 대학의 연구 성과 공유와 관리, 나아가 제조업의 부품에서 조립까지의 공급망 관리에도 활용 가능성이 기대되고 있다.

블록체인의 구조

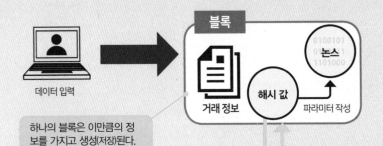

데이터 입력

블록

거래 정보

해시 값

논스
0100101
1101000

파라미터 작성

하나의 블록은 이만큼의 정보를 가지고 생성(저장)된다.

통지   승인

블록

해시 값

블록과 블록은 해시 값을 기초로 데이터를 검증하고, 이전 블록의 해시 값이 올바르면 다음 블록을 생성할 수 있다.

블록

해시 값

다른 해시 값

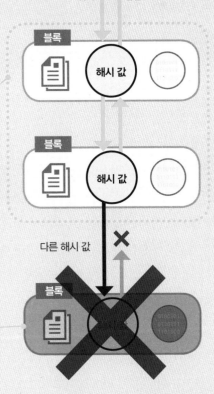

블록

이전 블록의 해시 값과 뒤에 생성하려는 해시 값이 다르면 새로운 블록을 만들 수 없다.

=

보안성이 높다.

돈의 개념을 바꾸는 가상통화 ②

돈의 개념을 바꾸는 가상통화 ③

가상통화는 결제용인가, 투자용인가?

다음으로 우리가 가장 가까이 접하는 가상통화를 결제에 사용할 때 어떤 구조인지를 살펴보자.

먼저 가상화폐를 소유(구매)하려면 국내에 있는 가상통화거래소에서 계좌를 개설할 필요가 있다. 증권거래소와 같은 역할을 한다. 이곳에서는 존재하지 않는 가상통화를 원화 등의 통화와 교환(구매)하거나 가상통화를 매매할 수 있다.

구입한 가상통화는 거래소에서 관리할 수 있지만, 개인적으로 보유하려면 가상통화거래소에서 제공하는 PC나 스마트폰에서 사용할 수 있는 월렛이라는 앱으로 관리한다.

실제로 매장 계산대에서 이용할 때는 신용카드나 전자화폐와 같이 간편한 결제 시스템이 도입되어 있다. 예를 들어 모바일 월렛 결제는 매장 단말기에서 생성된 QR 코드를 앱에서 읽어들인다. 인터넷 쇼핑몰에서는 여러 방법이 있지만 기본적으로는 월렛에서 송금 대상을 입력하는 형태이다. 국내 소매점에 도입은 앞으로의 과제이지만, 신용카드 결제보다 단말기 도입 비용과 소매점 등의 수수료가 1%로 싸기 때문에 보급이 기대되고 있다.

한편, 비트코인 가격이 구입 당시보다 가치가 수십 배로 뛰면서 투자 목적으로 보유하는 사람들도 늘고 있다.

단, 국가도 기업도 개입하지 않기 때문에 가상통화의 가치가 언제 어떻게 변할지 예측하는 것이 어려워 고위험 문제가 남아 있다. 향후 가상통화가 일상에서 자연스럽게 유통되면 기존의 금융기관 송금뿐 아니라 개인 간의 교환으로 끝이기 때문에 경제의 활성화도 기대되고 있다.

비트코인을 구입하는 방법

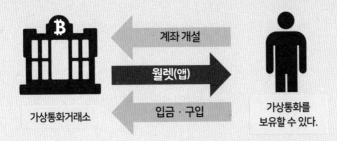

계좌 개설

월렛(앱)

입금 · 구입

가상통화거래소

가상통화를
보유할 수 있다.

비트코인으로 결제하는 방법

인터넷 쇼핑의 경우

송금

자신의 월렛(송금인)과 상대의 월
렛(수신인)을 지정하고 금액을 입
력하여 결제

매장 계산대의 경우

QR 코드

스마트폰 앱으로 매장 단말기에
표시된 QR 코드를 읽어 결제

개인과 개인 개인 간에도 서로의 가상통화거래소를 통해
월렛을 지정하여 송금할 수 있다.

돈의 개념을 바꾸는 가상통화 ③

COLUMN

모든 단말기가 연결되는 위험성

지금까지 인터넷에 액세스하려면 PC나 스마트폰을 사용했다. 어디까지나 연결이라는 의미를 가진 행동이다. 그러나 IoT로 모든 단말기가 인터넷으로 연결되는 생활이 실현된다면 어떨까?

미래에는 인터넷 연결을 전제로 개발된 제품뿐 아니라 생활 가전 제품(냉장고 · 세탁기 · 에어컨 · TV 등), 집의 열쇠까지도 인터넷에 연결할 수 있게 된다. 또한 스마트폰 외에 아마존과 구글이 판매하고 있는 AI 스피커로 쉽게 조작할 수 있게 되면 무의식적인 행동으로 승화될 것이다.

우리의 생활은 크게 바뀌어 매우 편리한 미래를 상상할 수 있지만, 동시에 네트워크의 보안이라는 문제도 떠오른다. '연결하다 또는 연결되어 있다'는 의식 없이 사용하면 악의적인 해커가 집의 네트워크에 침입해서 가전 제품을 전혀 사용할 수 없게 하거나 개인 정보를 훔칠 가능성도 적지 않다.

그렇다고 개인 차원에서 예방하는 것은 어려워 제품 개발 회사, 소프트웨어 개발 회사 등이 연계해서 상호 보안을 공고히 구축하는 것이 급선무라고 할 수 있다. 그리고 사용자들도 인터넷에 항상 연결되어 있다는 의식을 강하게 가져야 한다.

제 4 장

인간 중심의 인공지능!
기술의 행방과
문제점, 미래

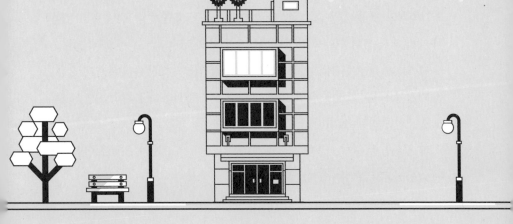

49 자아를 가진 AI 로봇을 만들 수 있을까?

AI는 인간보다 압도적으로 뛰어난 고정밀 계산 능력, 빠른 처리 속도, 방대한 정보 저장 능력이 있다. 그래서인지 AI라고 하면 뭐든지 가능하지 않을까 착각할 수 있지만, 사실 인공지능에게도 가능한 일과 불가능한 일이 있다. 그것은 '강한 AI, 약한 AI'라는 말로 표현된다.

강한 AI란 AI 여명기에 개발자들이 지향한, 이른바 모든 분야에서 인간보다 뛰어난 AI를 말한다. 이미지로는 철완 아톰이나 도라에몽, 〈2001 : A Space Odyssey〉의 HAL 9000 등 만화나 애니메이션, SF 영화 등에 등장하는 로봇이나 AI에 가까울 것이다.

결과적으로 강한 AI를 만드는 시도는 잘 되지 않았고 특정 분야에 특화된 AI 연구로 전환한 것은 지금까지 살펴본 대로이다. 이러한 AI를 약한 AI라고 한다. 인간인 프로 선수를 상대해 승리를 거둬 우리에게 충격을 안겨준 딥블루나 알파고조차 만능 AI는 아니다.

그러면 강한 AI 연구는 완전히 사라졌나 하면 그렇지는 않다. 연구자들은 인간의 뇌 구조를 연구하고 그것을 컴퓨터의 사고 모델에 응용, 나아가 인간의 뇌 전체를 모델링할 수 있는 방법을 연구하고 있다.

가까운 미래에 인간의 뇌 구조를 본뜬 강한 인공지능이 등장하는 것도 꿈은 아닐 것이다. 그렇게 되면 문제가 되는 것은 자아를 가진 인공지능이 등장할 것인가 하는 것이다.

인간처럼 행동하는 것과 실제로 자아가 있는지는 별개의 문제이지만, 현 단계에서는 등장 여부를 단정할 수 없다.

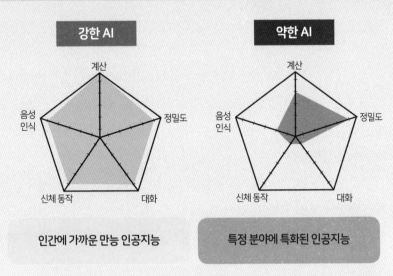

강한 AI와 약한 AI

강한 AI

약한 AI

인간에 가까운 만능 인공지능

특정 분야에 특화된 인공지능

※주: 강한 AI, 약한 AI라는 용어는 본래 '강한 AI=AI가 인간처럼 사고하고 있다고 AI를 받아들인 입장' '약한 AI=AI는 인간의 사고를 흉내 낼 뿐이라는 철학적 입장'의 의미로 인식됐지만, 현재는 본문에 기술되어 있는 내용으로 변화했다.

인공지능은 자아를 갖는가?

자아가 있는 것처럼 행동하고 있어도
인공지능이 정말 자아를 갖고 있는 것은 아니다.

50 AI와 인간이 공존하는 미래

AI는 지난 20여 년간 큰 발전을 이루었다. 특히 1980년대의 AI에는 개발되지 않았던 고성능 컴퓨터, 인터넷, 컴퓨터의 활동 폭을 넓히는 센서류의 발전은 그야말로 눈부시며, 이들 기술이 결합해서 비로소 AI의 붐이 성립한다.

평소 우리는 PC나 스마트폰에서 인터넷에 접속하고 검색이나 게임 앱 등을 사용한다. 이때, 데이터 센터 및 서버 그룹에 대한 액세스가 생성되어 다양한 정보(데이터 로그)가 남는다. 검색 단어, 상품 구매 내역, 게임 앱 로그인 등의 자료로 구성되어 매일 대량으로 축적된 빅데이터는 AI에 있어서 큰 양식이다.

AI는 인터넷의 디지털 공간에서 더욱 큰 위력을 발휘한다. 브라우저에서 검색을 하면 순간적으로 정확한 웹 사이트가 리스트업되는 것도 AI의 선물이라고 할 수 있다. 인터넷을 떠도는 데이터의 양이 기하급수적으로 증가함에 따라 AI의 역할은 점점 더 중요해질 것이다.

그러나 디지털 공간에서 벗어나는 순간 AI는 아직은 임기응변으로 대응할 수 없다. 예를 들어, 청소 로봇은 미리 집안을 정리해 두지 않으면 잘 청소해주지 않는다. 로봇과 AI는 제한된 프레임 내에서만 활약할 수 있기 때문에 인간이 어느 정도는 프레임의 조건에 가까운 상태로 만들어 놓을 필요가 있다.

따라서 당분간은 인간이 프레임을 제대로 설정해 놓으면 그 안에서 AI와 로봇이 활동하는 상태가 계속될 것이다.

디지털 공간에서 위력을 발휘하는 AI

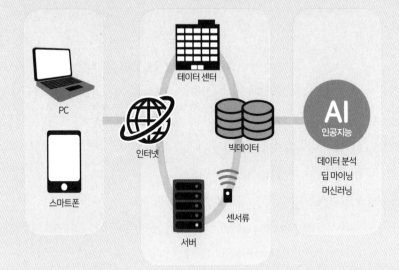

PC

스마트폰

인터넷

테이터 센터

빅데이터

센서류

서버

AI
인공지능

데이터 분석
딥 마이닝
머신러닝

프레임 안에서만 위력을 발휘하는 AI

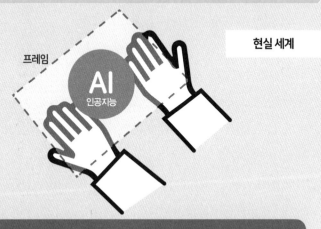

프레임

AI
인공지능

현실 세계

당분간은 인간의 손으로 제대로 설정한 프레임에서
AI를 움직일 필요가 있다.

AI와 인간이 공존하는 미래

51 특이점(싱귤래리티)에서 어떻게 변화할까?

2045년 예측되는 극적 변화란 무엇인가?

AI에서 자주 화제로 거론되는 것이 특이점(싱귤래리티)이다. 기술적 특이점으로 번역되며, 인간의 수준과 비슷해진 AI가 그 이후부터 빠르게 진화해가는 전환점이라는 의미가 있다. 단지 단순하게 인간을 추월하는 시점을 의미하기보다는 오히려 인간과 융합하면서 함께 나아갈 가능성이 있다.

이 말은 기계가 인간과 사회에 대변혁을 가져올까 하는 막연한 사고 방식에서 1980년대에는 이미 사용되었으며, 이를 저서에서 재정의한 것이 미국의 발명가 레이 커즈와일(Ray Kurzweil)이다. 그는 싱귤래리티를 인간의 지능과 인공지능이 융합하는 시점이라고 정의했다. 인간과 동등한 수준에 도달한 AI는 인간의 행동이나 업무 등을 대신 처리하고 또는 인간과 함께 협력함으로써 사회는 혁신적으로 변화해 간다.

이러한 움직임은 AI가 우리 인간의 모든 생활 장면에 들어오고, 그로 인해 서로 진화되어 가는 것을 의미한다.

커즈와일에 의하면 인류의 지능을 AI가 넘는 것은 2029년이고, 이어서 2045년까지 인간과 AI가 융합할 거라고 예언했다. 그 형태는 AI나 네트워크와 뇌가 직접 연결이 가능하여 인류는 새로운 국면을 맞을 것이라고 생각하는 사람도 있고, 이론 물리학자 스티븐 호킹처럼 인류가 추월당할 것이라는 강한 위기감을 품는 사람까지 반응은 다양하다.

싱귤래리티가 실제로 일어난다면 AI는 완전히 새로운 방식으로 인류를 진화시킬지도 모른다. 그러나 현 단계에서는 무슨 일이 일어날지는 아무도 모르는 것이 사실이다.

싱귤래리티란?

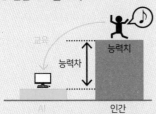

① 인간이 AI를 교육

교육 / 능력차 / 능력치 / AI / 인간

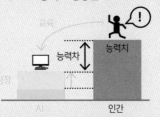

② AI의 능력이 성장한다

교육 / 성장 / 능력차 / 능력치 / AI / 인간

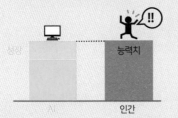

③ 싱귤래리티(특이점)

AI가 사람과 어깨를 나란히 한다.

성장 / 능력치 / AI / 인간

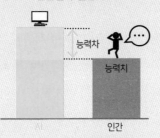

④ AI가 인간을 추월한다

능력차 / 능력치 / AI / 인간

싱귤래리티가 일어나면 어떻게 될까?

뇌와 컴퓨터를 직접 연결할 수 있다.

레이 커즈와일

인간은 경쟁하기 전에 AI에 추월당하고 만다.

스티븐 호킹

완전히 새로운 방식으로 인류를 진화시킬 가능성이 있다.

특이점(싱귤래리티)에서 어떻게 변화할까?

52 AI와 기술에서의 최종 결정권자

제4장

116

인간 중심의 인공지능, 기술의 행방과 문제점, 미래

AI는 의료, 자동차, 금융과 다양한 분야에 응용되며 꾸준히 성과를 내고 있지만, 잘못 판단하거나 실패하는 일은 없을까?

자동차의 자율주행에 관해서는 원인과 정보는 다르지만 2016년 테슬라사, 2018년 우버테크놀로지의 자율주행 차량에서 사망 사고가 발생했다. 두 사고 모두 미국에서 시험 주행 중에 일어난 사건이고 두 차량 모두 운전자가 타고 있었다. 자율주행이나 의료, 간호 등 사람의 생명을 책임지는 분야에서는 AI의 판단 여하에 따라 사망 사고가 발생할 위험이 항상 뒤따른다.

예를 들어, AI가 처방한 약을 복용한 환자가 그 약으로 인해 사망하면 그 책임은 누가 질 것인가? 이 경우는 AI의 시스템이 안고 있는 문제와 이를 이용하는 인간의 사회적인 문제의 2가지를 들 수 있다. 전자는 AI가 결과의 선택지를 지시하기만 할 뿐이고 결론에 이르는 프로세스는 블랙박스가 된다. 후자는 사망 사고가 발생했을 때 법에 비추어 책임 소재 등을 가릴 필요가 있지만, 기술 혁신의 발전 속도에 법률이 미처 쫓아가지 못해 적절한 판단을 하지 못한다는 문제가 있다.

따라서 AI를 이용하는 데 따르는 최종 판단은 반드시 인간이 하도록 되어 있다. 약물 처방의 경우는 의사가 최종적으로 AI의 선택지를 채택할지 말지를 판단하기 때문에 의사에게 책임을 추궁하게 된다.

그러나 언젠가는 AI가 인간의 손을 떠날 때가 올 것이다. 그때는 AI가 책임을 져야 할지도 모른다.

사망 사고가 발생한 자율주행

2016년	테슬라사	트레일러와 추돌(운전자 사망)
2018년	우버테크놀로지	보행자 추돌(보행자 사망)

모두 사망 사고

최종 판단을 하는 것은 인간

실제로 판단은 의사가 하고 있다

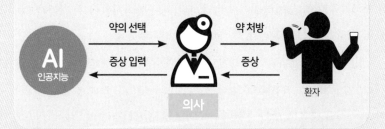

인공지능이 선택한 약을 먹고 환자가 사망하면
책임은 처방 결정을 한 의사에게 있다.

AI와 기술에서의 최종 결정권자

53 AI 창작물에 저작권은 있는가?

AI는 의료 및 비즈니스뿐 아니라 예술 분야에서도 뚜렷한 성과를 올리고 있다. 미국의 마이크로소프트, 대형 금융기관 ING, 네덜란드의 델프트 대학 등으로 구성된 공동 팀은 2016년에 17세기 화가 렘브란트의 화풍을 이미지 인식과 딥러닝 등을 이용하여 분석, 3D 프린터로 신작을 그려내는 데 성공했다. 렘브란트의 작품 346장을 3D로 스캔해서 픽셀 단위로 이미지를 분석하여 그림의 주제, 구도, 의상의 특징 등을 딥러닝으로 학습시켰다. 참고로 AI가 그린 그림은 The Next Rembrandt(https://www. nextrembrandt.com/)에서 볼 수 있다.

이 밖에도 음악이나 만화, 소설 등에 AI를 활용하는 움직임이 확산되고 있다. 그렇게 되면 고려해야 할 것이 'AI 작품의 권리는 도대체 누구에게 있는 걸까?'이다. 인공지능 자체일까, 아니면 AI의 창조자일까?

결론부터 말하면, 현 단계에서는 AI가 혼자 만든 작품에는 저작권이 인정되지 않는다. 일본 내각부의 지적재산전략본부는 '지적재산추진계획 2017'에서 작품을 만들어내는 데 인간의 손이 더해지지 않은 것은 AI가 자율적으로 생성한 AI 창작물로 정리되며, 현행의 저작권법상 저작물로 인정할 수 없다고 명시하고 있다. 이것은 현행 저작권 제도가 인간에 의한 창작을 전제로 하고 있기 때문이다. AI는 작품을 쉬지 않고 창작하는 것이 가능하기 때문에 미래에는 AI 작품이 주류가 되어 그들을 보호하는 작품을 사용할 자유가 위협받을 수 있다. 다만 미래에는 저작권법이 개정되어 내용이 바뀔 가능성도 있다.

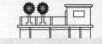

예술 분야에서도 성과를 올리는 AI

회화

→ 3D 스캔
테이터화 →

AI
이미지 해석

주제와 구도
등의 학습

→ 신작

> **AI는 회화, 만화, 소설 등의 예술 분야에서도 활약하고 있다.**

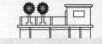

119

AI 작품에 저작권은 있을까?

작품의 3D 스캔과
데이터화

AI
이미지 해석

디자인의 균형

색, 모양 등의
학습

→ AI가 혼자서 그린 신작

> 현행의 저작권법은
> 인간의 창작물을
> 전제로 하고 있다.

저작권

> **인공지능이 단독으로 만들어 낸 작품에 저작권은 없다.**

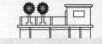
AI 창작물에 저작권은 있는가?

54 빅데이터 수집은 개인 정보를 지킬 수 있을까?

기업은 매일 방대하고 복잡한 빅데이터를 인터넷 등에서 AI로 수집 · 분석하고 비즈니스에 활용하고 있다. 최근에는 빅데이터를 시장에 판매하는 업계 단체가 설립되거나, 우리가 개인 정보에 연결된 IT 데이터를 예탁해서 다른 사업자에게 정보를 제공하는 정보은행제도가 정비되는 등 요즘 개인 정보는 어느 때보다 상품으로서의 가치를 갖고 있다. 그렇다면 개인 정보는 어디까지 지켜질 수 있을까?

개인 정보 보호에 관해서는 3가지 문제가 있다. 하나는 본인이 모르는 곳에서 차별이나 불이익을 받을 위험이 있다는 것이다. AI의 성능과 빅데이터 분석 정확도가 향상됨에 따라 기존의 개인 정보 가운데 예민한 개인 정보(지병, 연소득, 기호, 종교 등)를 높은 정밀도로 추측할 수 있게 됨으로써, 예민한 개인 정보를 바탕으로 미래의 행동과 위험을 예측당하고 말 것으로 걱정한다.

어떤 지병을 가진 A씨가 구직 활동을 하면서 B기업에 응모했다고 하자. B기업이 A씨의 건강 데이터를 인공지능으로 조사하게 했더니 A씨에게는 지병이 있고 5년 이내에 심각한 질병에 걸릴 위험이 80% 이상이라고 판단했다. 그러자 B기업은 A씨에게 그 사실을 알리지 않고 불합격시켰다. 이 경우 A씨는 본인도 모르는 사이에 부당한 차별을 받게 된다.

두 번째는 추측된 예민한 개인 정보가 그릇된 정보인 채 개인 정보에 연결되어 부당하게 차별을 받는다면 누가 책임을 질 것인가 하는 점이다. 세 번째는 정작 개인 정보를 소유한 우리가 이러한 위험성을 제대로 이해하고 있지 못하다는 점이다.

정보은행이란 무엇인가?

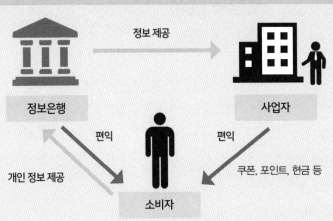

정보 제공

정보은행

사업자

편익

편익

개인 정보 제공

쿠폰, 포인트, 현금 등

소비자

빅데이터의 위험성

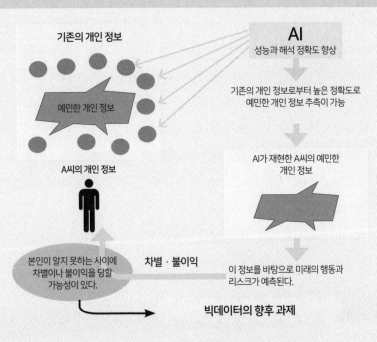

기존의 개인 정보

예민한 개인 정보

A씨의 개인 정보

AI
성능과 해석 정확도 향상

기존의 개인 정보로부터 높은 정확도로
예민한 개인 정보 추측이 가능

AI가 재현한 A씨의 예민한
개인 정보

본인이 알지 못하는 사이에
차별이나 불이익을 당할
가능성이 있다.

차별 · 불이익

이 정보를 바탕으로 미래의 행동과
리스크가 예측된다.

빅데이터의 향후 과제

55 자동화가 인류에게 주는 장점과 단점

컴퓨터의 처리 속도 향상 및 AI, 로봇에 의한 업무 기술이 한층 발전함에 따라 다양한 업무가 자동화될 것이라는 견해가 지배적이다. AI가 기사를 쓰고 인터넷 쇼핑몰에서 방문자에게 적합한 추천 상품을 제안하고 화상 인식으로 상품을 선별하는 등 이미 업무 효율화를 통해 성과를 올린 사례도 있다.

AI에 의해 자동화할 수 있는 것은 전표 입력 및 양식 문서 작성 등의 일반 사무 업무, 경비 체크와 계산 등의 회계 업무, 단순 조립 등의 생산 공정 등 누구나 어느 정도의 훈련을 쌓으면 해낼 수 있는 반복 작업이다. AI 기술 혁신에 의한 인재의 유동화는 1990년대 PC가 보급함으로써 기존의 대필업, 타이피스트, 속기 등의 업무가 쇠퇴한 반면, PC 소프트웨어 운영자 등의 업무가 비약적으로 늘어난 것과 비슷하지만, 그보다 더 급진적으로 진행될 가능성이 있다.

AI와 로봇에 의한 자동화 진행으로 현저하게 나타나는 현상은 우선 'AI 격차'일 것이다. AI를 도입한 기업은 큰 폭의 업무 간소화 및 효율화를 달성할 수 있지만, 예산 관계로 도입할 수 없는 곳은 비효율인 상태로 업무를 지속할 수밖에 없다.

그리고 업무 간소화 및 효율화를 달성한 기업 간 경쟁에서 승자는 수익성과 신형 AI를 개발, 투입한다. 경제 · 정보 · AI 격차는 앞으로 더욱 심화될 것으로 예상된다. 그래서 중요한 것이 어느 시대나 변화에 대응하면서 새로운 가치를 만들어내는 업무는 사라지지 않는다는 점이다. AI로는 불가능한 일에 특화하여 새로운 업무 방식을 모색해야 할 것이다.

AI와 로봇에 의한 자동화

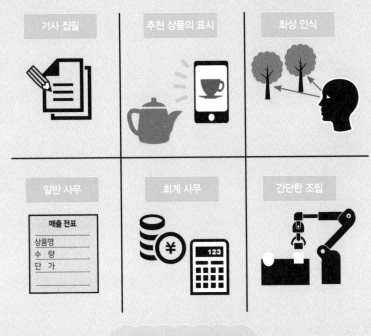

기사 집필	추천 상품의 표시	화상 인식
일반 사무	회계 사무	간단한 조립

매출 전표
상품명
수 량
단 가

정해진 작업의 반복이 장점

AI 격차란 무엇인가?

기업명	인공지능의 도입	매출	효율
A사	○	↗	↗
B사	✕	↘	↘

인공지능의 도입 여부에 따라 매출과 노동 효율이 향상하는 기업과 그렇지 않은 기업의 차이가 벌어진다.

56 AI와 인류의 공존에 필요한 것

앞으로 우리는 일상생활 속에서 AI나 로봇들과 긴밀한 관계를 가지면서 생활하게 될 것이다. 그런 상황이 되면 우리는 어떻게 받아들이면 좋을까? SF 영화나 애니메이션에서는 로봇이 인간에게 반기를 들거나 인간을 지배하는 등 인간과 로봇이 서로 적대 관계에 있는 세계가 그려진다. 현실 세계에서도 미국의 군사용 로봇과 러시아의 무인 AI 병기 등이 연구 개발되고 있다.

그러나 현 단계의 로봇은 어디까지나 편리한 도구로 간주하며, 인간이 어떻게 사용하느냐에 따라 좋은 방향으로도 나쁜 방향으로도 갈 수 있다. 철완 아톰과 같은 만능 로봇의 실현은 아직 어렵기 때문에 일상에서는 단순 기능을 강화한 청소 및 방범 로봇 등이 활용될 것이다. 또한 인간과 로봇이 상호 보완하는, 가령 사람이 하면 어렵고 비용이 들지만 로봇의 장점을 살릴 수 있는 방대한 데이터 처리, 육체 노동, 장시간 노동 등의 일을 대행시킴으로써 비교적 원활하게 도입이 진행될 가능성이 높다.

여기에서 중요한 것은 현 단계에서는 로봇의 기능이 충분하지는 않지만 일상생활에서 사용해가면서 문제점을 학습·개선하여 업데이트한다. 이를 반복하면서 로봇은 진화해가는 것이다. 그리고 로봇의 학습 결과와 인간이 생각한 적절한 개선 방법이 일치함으로써 더 나은 형태로 진화할 것이다.

또한 일상생활에 침투해 들어오는 로봇과 신뢰 관계를 쌓는 것도 중요하다. 우리가 앞으로 맞이하는 세상은 로봇과 함께 살아가는 사회이기 때문이다.

AI와 로봇은 편리한 도구

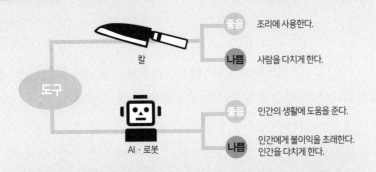

도구

칼
- 좋음 조리에 사용한다.
- 나쁨 사람을 다치게 한다.

AI · 로봇
- 좋음 인간의 생활에 도움을 준다.
- 나쁨 인간에게 불이익을 초래한다. 인간을 다치게 한다.

125

AI와 로봇은 인간이 어떻게 사용하느냐에 따라 좋게도 나쁘게도 된다.

AI와 로봇은 일상생활 속에서 진화한다

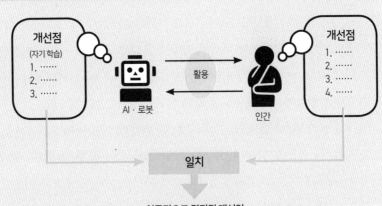

개선점
(자기 학습)
1. ……
2. ……
3. ……

AI · 로봇

활용

인간

개선점
1. ……
2. ……
3. ……
4. ……

일치

최종적으로 결정된 개선안

AI · 로봇에 피드백하여 개선

**인간 사회 속에서 활용되는 과정을 통해
AI와 로봇은 보다 좋은 방향으로 진화한다.**

AI와 인류의 공존에 필요한 것

AI와 기술이 바뀌는 인류의 미래

인간은 태곳적부터 도구와 기술을 발명하고 그것을 사용해서 할 수 있는 일의 범위를 넓혀왔다. 그 덕분에 인간의 문화와 사회 그리고 인간 스스로에게 영향을 미쳤다.

진화가 가속화된 시점은 약 150년 전의 산업혁명에서 시작되며 증기기관, 자동차, 비행기, 1940년대에는 거대한 컴퓨터가 개발되었고, 현재는 그 컴퓨터가 손바닥에 쏙 들어갈 정도의 스마트폰이 되어 우리의 일상생활을 지탱해주고 있다. 그러면 AI와 로봇이 일상화된 미래의 생활은 과연 어떤 모습일까?

인터넷이나 스마트폰, iPS 세포 등과 같이 우리의 삶을 변화시키는 기술이 속속 등장하고 있는 것만 보아도, 미래를 예측하는 것이 얼마나 어려운지 알 수 있다. 그러나 인간의 일이 AI나 로봇으로 대체될 것이고, 그로 인해 일을 빼앗기지 않으려면 어떻게 해야 할지에 대한 논의는 이미 시작됐다. 이 점에서도 미래의 예측에 영향을 받아 현재가 변하고 있음을 의미한다.

AI나 로봇이 할 수 없는 것 – 자주적으로 생각하여 행동하고, 유연한 사고와 직관, 타인과의 커뮤니케이션 등을 통해 아이디어와 혁신을 배양하는 것이 중요하다고 생각하고 있다. AI나 로봇은 인간의 뇌와 신체의 구조를 모방한 것이라고 생각한다면, AI를 마주하는 것은 곧 인간을 마주하는 것이라고 할 수 있다.

AI와 로봇의 미래를 생각하는 것은 인간을 한 번 더 제대로 돌아보는 것에서 시작하는 것일지도 모른다.

가속도로 진화하는 인간의 기술

1940년대

최초의 컴퓨터는 창고 한 개분(167m²)의
크기로 무게가 27톤이나 됐다.

소형화

경량화

고속화

현재

스마트폰

인간의 기술은 가속도로 진화를 계속하고 있다.

인공지능 · 로봇의 미래

현재

미래 예측

일의 대부분이 AI나 로봇으로 대체된다.

어떻게 하면 좋을까?

인간의 장점을 살려야 한다!

인간은 있지만, 인공지능과 로봇에게 없는 것은?

직관, 유연한 사고, 다른 사람과의 커뮤니케이션, 발상, 이노베이션

AI와 로봇의 미래를 생각하는 것은 인간을 다시 보는 것에서 비롯된다.

잠 못들 정도로 재미있는 이야기
인공지능과 테크놀로지

2020. 5. 20. 초 판 1쇄 인쇄
2020. 5. 25. 초 판 1쇄 발행

감 수 | 미야케 요이치로(三宅 陽一郎)
감 역 | 한선관
옮긴이 | 황명희
펴낸이 | 이종춘
펴낸곳 | BM (주)도서출판 **성안당**
주소 | 04032 서울시 마포구 양화로 127 첨단빌딩 3층(출판기획 R&D 센터)
　　　 10881 경기도 파주시 문발로 112 출판문화정보산업단지(제작 및 물류)
전화 | 02) 3142-0036
　　　 031) 950-6300
팩스 | 031) 955-0510
등록 | 1973. 2. 1. 제406-2005-000046호
출판사 홈페이지 | **www.cyber.co.kr**
ISBN | 978-89-315-8881-1 (13000)
　　　 978-89-315-8889-7 (세트)
정가 | 9,800원

이 책을 만든 사람들
책임 | 최옥현
진행 | 김혜숙, 최동진
본문 · 표지 디자인 | 이대범
홍보 | 김계향, 유미나
국제부 | 이선민, 조혜란, 김혜숙
마케팅 | 구본철, 차정욱, 나진호, 이동후, 강호묵
제작 | 김유석